教练式
培训技术

激活学习智慧

黄巧颖
（Esther Huang）————

著 ————

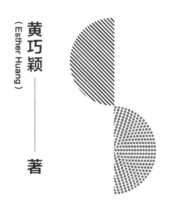

北京联合出版公司
Beijing United Publishing Co.,Ltd.

图书在版编目（CIP）数据

教练式培训技术 / 黄巧颖著 . —北京：北京联合
出版公司，2021.5

ISBN 978-7-5596-4988-1

Ⅰ . ①教… Ⅱ . ①黄… Ⅲ . ①职业培训 Ⅳ .
① C975

中国版本图书馆 CIP 数据核字（2021）第 031020 号

教练式培训技术

作　　者：黄巧颖
出 品 人：赵红仕
选题策划：北京时代光华图书有限公司
责任编辑：徐　樟
特约编辑：李淼淼
封面设计：新艺书文化

北京联合出版公司出版
（北京市西城区德外大街 83 号楼 9 层　　　100088）
北京时代光华图书有限公司发行
嘉业印刷（天津）有限公司印刷　　新华书店经销
字数 180 千字　　787 毫米 ×1092 毫米　　1/16　　15 印张
2021 年 5 月第 1 版　　2021 年 5 月第 1 次印刷
ISBN 978-7-5596-4988-1
定价：68.00 元

特别致谢

特别感谢亲爱的先生、孩子，感谢你们在我的学习探索中一直给予极大的空间和支持，让我总是可以自由快乐地从事自己感兴趣的研究和工作。

特别感谢 Rikki 老师为本书和 CTT 教练式培训技术提供的专业手绘海报。

感谢团队伙伴袁环老师、Connie 老师、Koolin 老师、Grace 老师在教练式培训技术企业落地实践中给予的有力支撑和践行。

感谢从 2015 年开始支持和鼓舞我启动 CTT 教练式培训技术公开课及研究迭代的朋友们：李中老师、封冰斐老师、蔺晓梅老师、陈沐杉老师、仲艳松老师、王芳老师、李燕老师、张明生老师。

感谢企业客户——华住大学、华润大学、华为大学、万科大学的学习领导者和优秀老师们给予的认可及支持，让 CTT 教练式培训技术在企业落地践行中有了不同的可持续探索和优化路径。

感谢所有参加 CTT 教练式培训师认证的朋友们，感谢你们在认证过程中的持续践行和优化以及支持和反馈！

邓少华（Nancy）

玛氏大学中国区校长

特别欣赏黄巧颖老师一直对培训技术的创新和实践投入极大的兴趣、热情。CTT教练式培训技术很巧妙地将教练元素和培训技巧结合。不论我们推行何种学习项目，讲师和学习项目运营官都可以应用教练式培训技术，让员工从"要我学"变成"我要学"，这样的主动学习才是最高效的。

张华

清华大学深圳国际研究生院心理辅导中心主任

学习黄老师的课程打破了我心中的限制信念，这一过程确实很神奇。在自我完善的人生旅程中，如果你想聚焦目标，突破自我限制，自我赋能，成为一个有影响力的人，我都热忱推荐你学习巧颖老师的这本书！

季益祥

上海爱问网络科技有限公司董事长

黄巧颖老师的CTT教练式培训技术教讲师们如何实现以学员为中心、以成果为导向的教学，让我本人受益匪浅。我认为普及CTT教练式培训技术将为中国企业培训创造巨大的价值。

彭信之
彼得·德鲁克管理学院领导力专家

　　最幸运的一件事就是与黄巧颖老师相识，她对我的授课产生了巨大影响。我开始关注每个学员的能量，开始学会有意义地答疑，懂得了给予学员高质量的赞美，开始真正以学员为中心……我也感受到了自己的弹性，突破了原有的边界，看到了更广阔的天空。

张世荣（Leslie）
纽迪希亚医学营养事业部组织与发展总监

　　在黄巧颖老师课程里体验到的叠加式学习活动的确让人震撼！更为巧妙的是，她的课程的每一个学习活动始终服务于课程目标、服务于学员，在内容上有鲜明的层次递进感，在形式上极具现代感和趣味性，在细节上又有很好的体验感，实在是最好的示范！

史雪梅
华住大学商学院负责人

　　我从来没有碰到过比黄老师更棒的老师，特别高兴能学习她所分享的教练式培训技术。她让我的教学技能显著提高，授课技术变得多元化，进而创造出更佳的学习效果。

胡茗雁（Angel）
PCC 教练、亲子导师

　　黄巧颖老师创造了一个更放松、灵活，鼓励共创，包容不同节奏，激发潜能的课堂！她让我知道，只要刻意练习，每个人都可以创造奇迹。

赵老师
某股份制商业银行培训负责人

　　CTT 是一个很奇妙的东西，它让讲师沉浸其中，眼中只有学员；

它让学员不能自拔，感觉到能量的流动、自己被赋能。

每个讲师都应该学习 CTT 教练式培训技术，发掘你隐藏在内心深处对目标的渴求，摈弃花样，回归教学的本质，根据学员情况重置你的教学套路，并一直调整到最佳状态。

黄老师是我见过最有魅力的导师，没有之一。她始终保持一颗赤子之心，追寻学习的乐趣、助力他人成长的乐趣、挑战自我的乐趣。

开启教练式培训之旅，探索学习智慧新路径

一、快速了解神秘且多元化的教练技术

教练技术从构建到发展，速度非常快，学习和参与教练技术研究与多元化发展的专业人士也越来越多。教练技术最初来自体育运动，目的在于激发运动员内在潜能，目前已被快速推广和应用到企业学习中。专业的教练技术在 2010 年左右进入中国并迅速发展，尤其在企业培训领域，得到广泛认知和应用。在国内企业学习领域，教练的角色经历了讲师、引导师、顾问等不同发展阶段，现在已经有专业教练这一独立的角色和研究领域。这也和教练底层的理念、应用导向的工具技巧、尊重人内在潜力的特点有关。

教练最经典的形式是一对一的高价值对话，围绕目标，教练和被教练者展开深入的交流和讨论，教练持有客观、中正和临在的状态，构建最佳的对话场域，通过强有力提问、深层次聆听为被教练者打开盲区，帮助其发现新的思路和观点，转化自己的限制性信念，更有效地达成目标；同时，通过一次又一次目标探索，更好地促进被教练者的内在成长。

令人感到神秘的往往是，这样看似普通的对话情景，却总能创造出特别的体验和认知，使得人们常常因为一系列对话看到自己的心智模式、行为局限，从而产生由内而外的变化；看似是讨论事业的困境、业绩的目标达成、团队的运营管理，却总能穿透事业话题，发现生活状态和模式，从而影响自己的认知和理解，不断优化生活的质感。这背后的秘密是什么？

专业的教练技术虽然有不同流派的定位和发展，但底层的理念、工具和技巧是有一致性的。这些一致性构成了一个系统和模式，使教练对话变得不同。如果将教练体系的核心元素进行提炼和结构化，你就会发现四个维度是很有特色的（见图1）。

图1 有效教练的核心元素

① 教练的前提假设：不同的教练流派有不同的原则或前提假设，其中核心内容有很大共性，都是对人更深刻的认知和洞察。

---

1. 人们都是值得被欣赏的。

2. 人们拥有所需的一切资源。

3. 行为背后都有正面意图。

4. 人们正在做出最好的选择。

5. 改变是不可避免的。

　　　　　　　　　　——引自埃里克森教练五大原则

② 教练的不同类型：个人教练、团队教练、企业教练、绩效教练、亲子教练、生命教练等。

③ 教练的核心能力：建立亲和关系、教练状态、主动倾听、强有力提问、直接沟通、创立觉察、设计行动计划等是教练核心能力中偏向专业教练技巧的部分，也是教练技巧中可被迁移至以沟通交流为核心工作场景的主要技术。

1. 遵守道德准则和职业标准。

2. 建立教练协议。

3. 建立起与客户的信任和亲和关系。

4. 教练状态。

5. 主动倾听。

6. 强有力提问。

7. 直接沟通。

8. 创立觉察。

9. 设计行动。

10. 计划和目标设定。

11. 管理进展和问责。

　　　——国际教练联合会（ICF）建议的教练核心能力

④ 专业的教练工具：教练工具的底层逻辑大量结合了心理学的技术，视觉化教练、NLP 教练等都有一定的教练流程和模板，它们构建了系统化的教练工具，聚焦某一类教练议题更加有效。

部分经典教练工具举例（来自 NLP 教练体系 /ACN 高管教练工具）：

1. 平衡轮（the life balance wheel）。

2. 感知位置平衡法（perceptual positions）。

3. 内心对话（internal dialogue）。

4. 理解层次贯穿法（neuro-logical level alignment）。

5. 限制性信念破框法（limiting belief outframing format）。

把教练的特殊属性进行提炼，并结合其他领域的工作展开组合创新后，会绽放出多元化的魅力和效果。培训和教练的结合是本书专注研究的主题，教练式培训的底层结构是将培训技术和教学技术进行结合，在教学的不同场景中进行转化和迭代，从而获得深化的学习成果，激发智慧学习。

二、教学创新：教练式培训技术的智慧实践

教学的最小单元基因是高质量沟通，目的是更有效地促进从学习到应用的转化，让人们在教与学的过程中创造深层次的联结，在知识和技能交互过程中有思想、观点、情感的交流和碰撞，进而实现彼此

激发：

　①教与学之间的彼此激发。

　②学习者与学习内容之间的彼此激发。

　③学习者与学习者之间的彼此激发。

　④学习内容和生活工作应用之间的彼此激发。

　⑤过去、当下和未来的彼此激发。

这些不同层面的激发将促使学习从传统的注重知识迁移到注重转化应用上，从传统的注重教学内容到注重学习者的需求和体验上，从传统的讲究技术研究到注重人们的感知上。在这一转变过程中，学习的立体化、结构化和技术应用达到了更高的层级：人与内容有了真正的交互，进入了智慧学习的时代，学习自身也有了生命力，可以在教学现场被更多创造，在教学者的研究领域进入自迭代，和当下的社会环境密切结合。因此，教练技术和培训的结合很好地支持了"人与内容真正交互"的结构。

教练式培训技术是围绕学习场景展开的，围绕教学技术的优化、迭代而发生。因此这不是教练技巧，准确来说是一种创新的培训技术，是服务于学习效果提升的。教学技术充分融入了教练的元素，创造了新的创新式教练方式：

　①教学观念＋教练的前提假设＋结构化设计及转化＝教练式前提假设。

　②讲授技巧＋教练技巧＋结构化设计及转化＝教练式培训技巧。

　③教学活动＋教练工具＋结构化设计及转化＝教练式学习活动。

在大量实践过程中，教学者的内在认知和外在技巧都在提升，并彼此相互促进。教学者的体验不仅仅是用告知的方式进行培训和讲授，还多了教练式培训的立场和视角，将开始探索如何激发学习者自我思考、自我觉察，思考如何创造更好的学习体验，并尝试观察学习者的状态和能量等。

教练式培训适合增强哪些课程的效果？以下细分的学习内容都可以应用：

① 企业培训：战略落地、组织变革、领导力、营销、通用沟通能力提升等。

② 亲子沟通、父母赋能、高校能力素质类教育等。

③ 专业教学技术类：课程开发、讲师训练、故事思维、演讲表达等。

④ 思维推演、沙盘学习、研讨引导等。

如果教学者不了解教练技术，并不影响教练式培训的应用效果。当然，如果教学者对教练技术有所了解，会更好地促进教练式培训的应用和落地。

三、教练核心能力和教学技术的巧妙融合

将教练核心能力和培训场景进行最简单的结合，就能感受到不同的体验和反馈，比如主动倾听、强有力提问和建立亲和关系等。

1. 教学者应用——主动倾听

被聆听是一种明显的体验。当聆听者完全追随你的语言和感受，专注于你的每段话并感同身受时，你会感受到被理解和放松，会感到

更加安全和更相信彼此。这是所有重要沟通的基础。

我们大部分时候不会达到深层次聆听阶段，我们每天的工作或状态也不需要总是深层次地聆听，就像大多数人平常不用通过高强度器械锻炼来保持健康一样。但是要在课堂中创造高价值的交流，教学者要学习如何快速进入深层次聆听状态，并在学习者进行研讨和观点分享时保持积极的聆听。如果只是用自己的感受和理解来诠释学习者表达的观点，那么聆听就处在表面化、流程化、自动化的简短互动机制中，呈现出教学者仅根据个人观点来衡量和反馈学习分享的局面。

最好的聆听是最大限度地发挥聆听的互动性，包含着积极的行动，比如关注、肢体回应、复述学习者发言中的关键点、在板书上记录学习者所用的词汇等。如果能这样做，那么课堂上的简短交流也能创造出高价值体验。

2. 教学者应用——强有力提问

提问启发学习者思考，是发展学习和促进成长的有效途径。任何巧妙或直接的告知、建议、要求都会带来支配和控制的感受。对于有经验的学习者而言，这些做法很可能会阻碍他们表达想法，激起他们对教学者的防卫和戒备，引发辩论和解释，使得谈话陷入困境和僵局，也破坏了教与学之间的信任关系。

如何在课堂上提出富有启发性的问题呢？首先，多用开放式问题。封闭式问题总是呈现出领导者的判断、假设性观点，同时，提供给学习者的思考空间是被限制的，总在"是"与"否"之间徘徊。如：

"大家觉得这样做合适吗？"

"请问第三组的代表发言是否正确？"

"这个案例的经验是否给你们带来了学习价值？"

……

当有些封闭式提问强烈而清晰地在等待学习者做出如教学者预期的选择时，很容易使得他们感到没有趣味，产生抵触和对抗，因为没有人喜欢总是被控制答案的感受。

开放式问题首先展示出来的是尊重和好奇，学习者在多种选择背后的不同思考，可以引发大家分享不同的想法和建议。

其次，多用强有力问题的结构，激发研讨中学习者的不同思考。例如：

• 用"如何、怎样"思考问题的解决方案。

• 用"为什么"追问可能的原因和底层思维。

• 用"最……"聚焦思想。

……

尤其是在研讨和思考问题陷入僵局或困顿时，相较告知而言，提问更是一位智慧教学者的最佳选择。

建立亲和关系、进入心流状态等教练核心能力在本书中将有更多的研究和应用。

开启创新培训—教练式培训之旅，是激发学习智慧的更佳路径，值得每一位教学者带着好奇，带着期待，怀有创造、融合和实践的意图，为更优的学习效果而启航探索。

二、观察个体学习能量，设计以"人"为中心的学习过程　/ 039

三、观察群体学习能量，设计和调整学习场域　/ 046

第 4 章
让点评富有价值：
创造现场学习的独特记忆

一、点评的高频使用场景　/ 057

二、走出点评的误区　/ 061

第5章
让故事深入人心：
穿越学习难点

第6章

让学习轻松有效：
应用教练式学习活动

第7章

让学员融入课堂：
三位置讲授切换

第 8 章
让授课轻松自然：
进入心流授课状态

第9章
让教学迈向线上：
OMO 教与学的新时代

第10章
赋能讲师成长：
探索教学者的定位及发展

第 *1* 章

让信念发展升级：
打破限制性教学前提假设

人们的认知边界决定了自身对问题和现象的思考方式及深度。在教学互动中，教学者作为老师、讲师或教练，其自身意识的演化层次形成对学习、教育的观念和想法，会指引其教学行为，从而创造学习成果。因此，要取得好的学习成果，根源在于教学者教学认知中最重要的信念系统。

一、看不见的教学前提假设

　　每个学科都有前提假设，不同的教练流派，前提假设也不一样。前提假设是指假设对人、事、物的一些认知、想法、准则是正确有效的，并能指引人们的思考和行为。

> 　　能成为思维模式的信念超越了倾向、既成事实，或者智力观点。它们是反映你人生哲学的信条，通常建立在关于世界如何运行的理论之上。所有这些信念有可能影响你如何看待过往经历以及做出的决定；会决定后续反应，影响长期产出，包括健康、幸福甚至寿命。
>
> 　　　　　　　　　　——凯利·麦格尼格尔 《自控力》

　　每个人都有自己行为的红绿灯、指引器，被称为"信念价值观"。当作为教学工作者时，我们的信念会被自然而然地带到课堂上，深深影响着我们的认知和行为，这些就是我们的教学前提假设。有时我们清晰地知道自己的信念和原则，有时我们对自身的一些信念并没有清晰的认知，但这些信念一直在指引我们的行动和思维模式。它们的存在有时拓展了教学的价值和成果，有时也是一种无形的禁锢，让我们深陷其中而不自知。对于后一种情况，教学者可以通过训练技巧、提升能力等途径加以改善。

教学者持有不同的教学前提假设

（1）新老师的焦虑

近期，张老师常常被邀请给中小企业家解读政府的相关法规政策，往往都是在政府大型峰会或活动上给一大群人讲解。他虽然熟悉这个领域，也有企业经营经验，但是以"老师""专家"的身份去讲解时，既有压力又很焦虑，一方面担心自己讲不好，害怕企业家现场提问，一方面又很渴望赢得企业家的喜欢和认可。

他在授课前会做充分的准备，再次熟悉资料和信息，并且请教政府领导和专家相关问题。因为充分重视，他的教学内容信息量巨大，总想面面俱到。后来他的课程常常出现的现象就是：他在台上一直讲，因为信息量巨大，全程两小时的分享非常紧凑，没有提问，没有互动，主要是大量信息和观点的输出，氛围沉闷；作为学员的企业家却认为很多内容和自己相关性不强，就离场私下交流，等会议结束之际再回到座位上，客套而礼貌地鼓掌。张老师自己也意识到效果不佳，有些遗憾和懊恼。等到下一场分享，他更加紧张和焦虑，准备了更多的材料和信息，如此一来，进入了奇怪的循环，认真而充分的准备却没有带来好的学习效果。听到他人建议将课程讲授做一些减法，并且多一些互动时，张老师又不太能接受，他深深相信：越多的信息越能带来安全感，并展示自己的专业形象。

不少老师在讲授课程时也会遇到和张老师类似的经历。很多人首先想到的是提高自己的讲课技巧，增加教学活动设计。这方面的改善确实能带来不同，但真正转化教学效果的不是表面的讲课技巧，而是教学者自身的状态和教学的前提假设。

很多新老师的潜在教学前提假设是：要讲好，不能出错，内容越多越安全。

这样的前提假设常常给教学者带来的影响是：把注意力集中在自己身上，通过增加课程的信息量给自己带来安全感；为了降低风险，使用看似安全稳妥的方法讲课——讲自己熟悉、了解的内容；多讲安全的、确定的内容；认为互动、答疑这些活动不可控制，还可能会暴露自己的不足，因此不太愿意尝试。

当这些想法和观念成为教学的前提假设时，教学者即使掌握了一些互动技巧，也不会真正激活学习者的兴趣和能量，很难创造出高质量的课程。

如何消除新老师的焦虑？

所有限制教学效果又根深蒂固的想法一旦被教学者自身觉察，那么这个限制就会慢慢减少，新的想法就会被听到、注意到，接着被采纳。这一过程中，最重要的第一步是有所观察和反思。因此，要找到教学中的限制性信念，它们通常不是普通的想法和念头，而是教学者深信不疑的信念。

新老师常见的限制性信念有：

① 不能出错，要获得大家的认可和喜欢。

这种想法特别容易让人紧张，把注意力全部集中在"不出错"上，结果往往更容易出错。事实上，学员喜欢某门课程，或教学有特别好的成果，不是因为老师不出错，而是学习过程中有某个内容让学员特别喜欢，备受启发；或学员特别喜欢老师的风格，感觉学习既轻松好玩，又有很多新知识；也可能是学员在学习过程中和大家交流碰撞，有很好的体验。学员的视角往往不会纠结在老师的小错误上。优秀的教学者也会出错，但这些错误并不会影响课程的效果。真正纠结"出错"的人，是教学者自己。

② 多准备内容，多讲就有好效果。

讲得多等于学得好，干货一堆表示成长——老师们常常对此深信不疑。这会让老师在准备课程时，把精力放在内容的超量准备上；在课堂上，把注意力放在教的内容而不是学员身上。教学者关注的不是学员是否学得会、用得上，而是"我说清楚了吗，我说完了吗"，这会使学习变成单向输出，缺失了有质量的交流和互动。

人从认识新知到转化为行动都有一个过程，学习的内容多并不代表好。适合的、有针对性的、有重点的学习才是符合成年人的学习模式。教学者如果针对不同的学员对内容进行筛选和重点提炼，组织少而精的分享学习，并围绕学员当下真正的问题和兴趣展开，反而会有更好的效果。

③ 学员不要提问，提问表示否定和挑战。

很多教学者最大的压力来自课堂上发生的挑战，其内心认定：只要有人提问，就是挑战我、不同意我、否定我（尤其在成年人学习的课堂上、企业学习的课堂上）。这样的信念会让教学者紧张，对抗提出问题的人，并且在教学中无意识地释放各种信号：不要提问。

有参与性的学习，通常会使学员很容易带着对问题的思考进入学习状态，自然而然地提出问题。这类学员的提问是非常有价值的，有时大家对问题的讨论反而是带来好的学习效果的重要标志。同时，确实也有人不认可老师讲授的内容和思路，会有不同的观点，而进入对抗、挑战状态，说话时火药味很浓。教学时如果对这样的学员处理不当，就会出现一些风险和尴尬。即使是遇到这样的情况，教学者也不要否定自己。对学员保持尊重，对不同的想法保持客观，有时挑战恰好是我们最好的成长机会。

无论是哪种情形，只要教学者感受到压力和紧张，并且发现很难展示出自己真正的教学状态，就可以有意识地观察自己的行为、模式和结果，停止旧有模式，换个新方法试试，再保留有效的方法，那么限制性的教学前提假设就会被打破。

（2）成熟老师的坚持

曾经担任外企高管的 D 老师转型成为职业讲师。D 老师非常专业，喜欢在自己专注的领域里研究学习技术，对自己认可的学习技术予以尊重和推崇，并不断地学习进步；在教学中注重案例研究，有专业的模型结构。因此，他非常受各大企业的认可，通过多年努力，成为相关领域内有名的专家讲师。

这段时间让 D 老师苦恼的是：有了经验后无法突破创新。课堂讲授好像是不停地重复，缺乏新鲜感和乐趣，如果再全新研究一个新领域、新课题，又要花费大量时间。不少同行建议他和不同领域的朋友交流，学习不同的技术流派，做整合和跨领域研究。但他都没有接受，因为他和朋友们交流自己专业领域的技术和思想时，总觉得他人不专业、不务实，很容易把不同意见归纳为他们错了、不专业、不了解自己。

成熟老师有丰富的知识和经验，常常会陷入的潜在教学前提假设是：我是对的，我很专业！

①我是对的。

有趣的是，当"我是对的"这个信念发生作用时，就意味着有人是错的。在课堂上、工作中、生活中，如果"我是对的"，那么"谁"是错的呢？往往和我们观念不同，甚至反对我们的人，就会被我们偷偷地标上"他是错的"。于是，我们合情合理地进入"讲道理模式"，一遍又一遍地重复自己的观点并指出对方的问题和不足，以捍卫"我是对的"的想法。而人生的长河、知识的海洋、商业环境都在不断变化，哪有绝对的"对"或"错"。同时，有经验的老师认为"我是对的"，就意味着他开始对未知的领域说"不"，并且和家人、伙伴、同事，以及课堂上的学员形成了对立的沟通关系，常常还不自知。"我是对的"，这个信念隐藏得相当深。有经验又自信的教学者常常中招而不自知。

②我很专业。

教学者尝试新事物的关键阻碍往往是自己最擅长的专业能力。因为人的思维会认同熟悉的事物，找寻相似性，所以我们常常用熟悉的方法完成工作，这样的生活是轻松、自信的。如果希望追求真正的创新，拓展视野，丰富人生，就需要有意识地摆脱"擅长的能力"带来的限制，主动探究陌生的事物，用不同的方式去完成任务。在刚开始时或许会遭遇挫败，但从陌生到熟悉，就意味着成长发生了质的变化，在工作上会有新的体悟和进步。

打破限制性教学前提假设，重塑信念

教学者要想增强教学效果，一方面要完善专业知识，修炼授课技能；另一方面要打破限制性教学前提假设，重塑信念，由内而外地成长。

每位教学者都有自己的限制性信念，这些信念没有对错之分，只有在不同阶段是否限制了教学者的灵活性和弹性，限制了创新和发展的区别。教学者应时刻观察自身状态，一旦发现当前的信念产生了限制性，就需要对其进行打破和重塑。我们相信变化会发生，就会自然而然引导行为模式发生变化。

什么是教学者想要变化的根本原因呢？动因主要有以下几个方面：

① 想要实现更大的目标或解决某些问题。

② 不舒适的状况深深影响了教学者的状态，教学者处在负面情绪下，希望有所改善和变化。

③ 教学者自我意识进化，有了清晰的教学身份定位和愿景、价值观。

其实，无论从事怎样的工作，以哪一个职业身份服务他人，只要清楚了自己的愿景、价值观和主要信念，都能大大促进外在能力进步。

每当开始思考和回答这些问题时，你就会更清楚自己在教学中的核心价值观：

① 教学的本质是什么？

② 是什么在驱动你不断学习和创新？

③ 什么是你工作中最大的快乐和激情所在？

有人说，教学的本质是用一个生命影响另一个生命。也有人认为，教学的目的是支持他人实现理想。我个人希望用专业服务大众，传播有意义、有价值的学习内容。如果我们明确了自己教学的核心价值观，我们的课堂就不仅仅是在传递知识、技能和信息了，还会鼓励学习者不断探索盲区和未知领域，追求有意义的工作和生活。

转化旧信念的五个步骤

当展开对信念的探索和发展时，那些限制教学者发展到更灵活领域的不适宜的想法就会浮出水面。总的来说，转化旧信念有五个步骤（见图1-1）。

图1-1　转化旧信念的五个步骤

（1）第一步：聚焦不舒适状态

从"不舒适"切入。教学中什么是让我不舒适的地方？是人让我有压力？是事情让我焦虑？还是环境让我感到疲惫和冲突？把不舒适的状态或具体的事件一一具体化列出，同时注意自己的情绪状态。

（2）第二步：观察背后的想法

观察这些"不舒适"的背后是什么在影响自己，可以把自己的一些想法列出，选出最重要、最坚信的想法。请你了解，对自己的观察不是一次或两次就能有答案的，也不要轻易给自己贴标签。

观察的过程中要注意以下要点：

① 客观地记录多次场景或事件，积累观察数据。

② 客观而非评判，不是对自己进行批评或肯定。一味妄自菲薄反而容易错失发现真相的机会。

③ 观察背后的信念，可能有多个想法，影响最深刻的不一定在自我观察的初期就显现出来。

（3）第三步：暂停 + 反思

如果对自己教学中导致"不舒适"的限制性信念已经有所觉察，可以先按暂停键，即不要对"不舒适"马上采取行动，而要多一些反思。此处的反思并非自我批评，而是更大尺度、更高维度的观察和思考：

① 是什么促使我有这样的信念？

② 因为这么想，我往往会出现哪些行为？

③ 这些行为和举动给我带来了哪些影响？

④ 在这样的循环和变化下，我的感受和状态怎样？

⑤ 这些影响是怎样支持（或阻碍）教学成果的？

通过更大尺度的观察和更高维度的思考，我们的限制性信念更容易被触动，会自然而然地发生变化。

（4）第四步：尝试新方法并优化

当自我觉察从模糊认知迈向清晰明确时，就可以尝试用新方法来应对不舒适的情况或教学中的问题和挑战了。新的方法源于重新整合的不断选择，不代表第一次选择就一定匹配和奏效，因此有意识地优化和梳理非常有必要。新的方法大多数源于新的信念，它不一定成为基石信念，刚刚萌生时，很可能只是一个想法，需要验证和优化。同时，这个过程不仅会为变化带来安全感，也会为自我的整合带来时间和体验。

人们赖以生存和发展的基石信念往往不容易变化，变化大多数是因为教学者追求更大的突破，有一个更有意义的目标在牵引着其发展和进步。

（5）第五步：保留 + 整合

不断实践和优化的过程，会让大脑自动保留、夯实有效的方法及其背后的信念。它们有可能模模糊糊，不是明确的口号或句子，也有可能已经成为你在网络或信息平台的签名或信条。这个过程实际上是教学者进行保留和整合的必经之路，有时我们有所留意，有时毫无感知，但一切已经开始慢慢变得不同了。

二、发展教练式培训的新信念

教练式培训技术将教练和培训进行融合，让教练的前提假设和培训场景相匹配。有一些信念和前提假设非常好地支持了教学者在内心创造更大的学习场域，在发展自己的同时支持学习者有宽广的学习空间。

教练式培训有三大教学前提假设（见图 1-2）：

① 每个人都有自己的学习模式、学习节奏。

② 没有错误，同时追求更有成效。

③ 灵活和弹性将使学习变得更有能量。

图1-2　教练式培训的三大教学前提假设

信念禁锢：就是要搞定你

我曾作为高级合伙人管理着一家为银行业提供培训服务的机构，与很多优秀的老师、顾问一起工作。有几位负责项目的顾问向我反馈：讲授管理课程的L老师常常在课堂上和学员理论，有时会因为争辩一个问题而花费不少时间，导致其他学员的注意力都流失了，有时甚至没有完成计划讲授的内容，企业客户也对这样的状况表示不满意。L老师在教学方面非常认真，怎么会出现这样的情况？我带着好奇和L老师交流了这样处理现场教学的原因。

L老师说道："这几个学员都是'刺头'，不好好听讲，总是问东问西，想法太多了！所以我怒火就来了，心里想，就是要搞定你！有时我会和学员争论不止。"

我听了觉得有趣，禁不住问道："那你希望他们怎样学习啊？"

L老师毫不犹豫地说道："好好听课，认真做笔记，这是管理者自我成长的好机会啊。"

表面上看，L老师需要发展应对处理学员不同意见的技巧，但其深层次的信念是：觉得学习有一个标准的模样、方法是好的。然而，有经验的学习者完全无法像小学生那样学习，那不是成年人取得进步的好方法。

发展新理念1：每个人都有自己的学习模式、学习节奏

每个人都有自己的学习模式、学习节奏，这和其内在价值观、深层次驱动他实现目标的动机有关，也和他的个人能力、学习喜好、学习环境及氛围有关，因此不同个体在课堂上呈现出的学习模式、学习节奏不同。

教练式培训师展示的行动和支持应该包括：

① 放下对抗，放下评判，放下批评，放下改变学员学习模式、使其符合培训师的想象和计划的想法。

② 学员在课堂上的任何表现和节奏都是能被接受的、能获得肯定的。

③ 基于更好的学习效果对学习模式进行改造和调整，不断升级学习方法。在这方面，培训师的积极行为有：欣赏、肯定学员，改造教学活动，现场萃取课程议题，激活学习状态，调整学员状态，基于现场实况教学，等等。

信念禁锢：你肯定有问题

我在服务于全国知名公益机构的导师培育项目时，在现场安排了一场讲师练习。心理咨询师胡老师现场对中小学教师进行授课。有一

位学员正在分享练习感受，胡老师突然上前打断了她，说道："你这种方法不对，不应该这么处理孩子的问题，应该先……"

被打断的学员很不舒服，并没有认真听胡老师对操作步骤的讲解，而是马上调整情绪，到了谈话间隙，立马解释："胡老师，我担任班主任有十年了，也学习了心理咨询。遇到这种类型的孩子不是第一次了，我之所以这样处理是考虑到……"

胡老师有点着急了，振振有词："现在我是老师，你就得听我的。学习要有空杯的心态，你都会了还来学习什么，要谦卑，学习别人先进的做法！"

经验丰富的学员们开始皱眉，不愿意继续配合练习了。

胡老师遇到的挑战是什么？有经验的学习者真的可以保持空杯心态学习吗？如果真的空杯学习，对未来的应用有价值和意义吗？这不仅值得胡老师思考，也值得教学者琢磨。

发展新理念２：没有错误，同时追求更有成效

每个人都有自己的人生或事业地图，都可以用自己的方法去达成目标或计划，追求自己期望的效果。

教练式培训师展示的行动和支持应该包括：

① 不要求、不追求学员一定具备空杯心态，不追求学员完全同意和接受讲师教授的知识、技能、工具。培训师的工作是引领学员看向未来，追求更有效果、更轻松的工作和生活状态。推荐学习适合的、有趣的知识、技能、工具。培训师的积极行为是：无论成功与否，不轻易否定学员过往的方式方法；不轻易评判学员的态度、模式和行为特点。

② 鼓励学员融合过往的成功经验，尝试新的方法，追求更大的成效。培训师的积极行为是：专业讲授、示范、鼓励、肯定，在课堂上欢迎学员对实践进行分享，并鼓励创新和岗位实践。

③ 在追求成效方面，培训师更需要通过提问激发学员思考；鼓励学员克服暂时的困难，实现目标。

信念禁锢：领导力有标准的答案吗

Kevin 老师是一家大型企业的人力资源负责人，在学习技术交流会议上，他分享了遇见的不少优秀讲师的特点，也提出一些讲师的不足：很多讲授领导力的讲师在讲课的时候，好像有个潜在认知——领导力有标准答案，大家的行为都需要朝这个标准上靠，符合就有效，不符合就有风险。这种思维太局限了。这怎么能给真正的领导者讲课？这样不是把领导班子的思路越讲越窄了。我们需要的领导是多样化的，能适应商业环境的各种变化和挑战，面对不确定性时有不同的应对方式，积极正向带领团队走向未来。都塑造成一个模式有什么用！

Kevin 老师的分享对我们很有启发，教与学需要追求标准答案吗？在我们的学习中，什么能带给学习者真正的成长？

发展新理念 3：灵活和弹性将使学习变得更有能量

无论是授课讲师还是学员，在一成不变的（思维、行为）模式下应对不断变化的环境，都会感到压力和挑战。教练的核心精神是创造更大的弹性，塑造更灵动的应对能力，这是学习和成长的关键。

教练式培训师展示的行动和支持应该包括：

① 一成不变的教学方式无法适应所有的学员，针对不同的学员、不同的课题，需要有更多灵活的、变化的学习模式促使学习效果最大化，不断尝试新的方法和途径。

② 鼓励学员创新、突破、变化，获得更全面的视角、更丰富的解决方案，增加内在的灵活性和能量。

③ 培训师自身保持好奇——对学员的好奇、对教学方法创新的好奇、对和学员一起合作的好奇，带着好奇使课堂氛围真正活跃起来，让学员真正享受学习的过程并参与其中。

当教学者不断梳理、明确内在的信念和前提假设时，会构建更大的教学空间，不仅是服务于学习者的，也给了自己更大的创造机会，教与学的可能性因此变得不同。当教学者更大程度地投入、构建和创新时，有价值的学习成果将快速呈现。

第 2 章

让教学赢得信任：
与学员建立亲和关系

高价值的教与学，不仅仅是课程的教学内容、活动设计，更是人与人之间关系的体验与感知。请回想曾经的学习时光，你是否因为对一位老师的信任和喜欢而对一门学科充满兴趣和热爱；你是否因为对一位老师专业、博学的欣赏而对一个知识体系产生关注和尊重；你是否因为对一位老师的尊重和崇拜，立志要成为像他一样的人而对自己有了期许……回想起这些，我们不难发现，影响学习体验的不完全是内容和学习形式，讲师和学员之间的关系也会产生神奇的影响力，推动学习的进展，并发展到未来……

一、学习关系为什么重要

　　授课其实是一种高级的沟通活动，沟通中讲师与学员的关系并非是传统认知的"教"与"学"的信息交付过程，学习过程中蕴含着各种教学互动，从而激发人们对学习的兴趣，以及对知识工具加以应用实践的深层次动机。因此讲师往往会鼓励学员大胆发表自己的观点或看法，学员在感受到课程氛围是安全的、舒适的、能呈现价值导向时，将更愿意剖析自己的过往经历，去创造挑战性目标。这些都基于学员对授课老师的深层次的信任、欣赏和尊重。

　　什么是课堂中的亲和关系？"亲和"（rapport）这个词源于希腊语，意为将被教练者自身的体验带回给他们。因此，在教练技术中谈到的建立亲和关系，指的是教练愿意去理解、去体验被教练者对世界的看法。如果我们想要了解被教练者知道了什么、体验了什么，那么我们就要去理解他体验的东西，想着他想要的东西。这样我们将更自然地进入被教练者的世界观，更容易理解和尊重他的思维模式，从而进入深层次的联结，以达到更好的教练效果。可以说，它是非常核心、关键的教练技巧。

　　课堂上的亲和关系是怎样的？讲师和学员之间互相尊重，彼此信任，相互欣赏。基于这样的学习关系，课程中的互动、挑战问题的交流分享、训练时刻的严格把关，都更好地促进了学习效果的落地。这样的关系也让学员愿意尝试，不畏惧失败和出错。

建立亲和关系对教学者而言有什么意义？

① 支持学员轻松愉快地开启学习之旅。

② 创造彼此激发的学习能量场，使得学习效果借由互相激发而叠加。

③ 挑战学习难度和深度时，学员的学习成果将更加有效。

换个角度看，讲师也需要对学员有信任、欣赏和期许，以及发自内心的尊重。这其实是一种微妙的、真实的、重要的互动关系，但很少有教学者能充分做到这点。一方面，就教学内容而言，很多优秀的教学者是该领域的专家、熟手，相较学员而言，他们在大多情况下是更加有经验和有知识积累的，因此，他们在授课过程中会不自觉地站在讲师视角，产生说教口吻，形成"我是对的"的以自我为中心的教学现象；另一方面，就中国的文化而言，人们一直保持着尊师重教的传统，不会以"挑战老师观点"为傲，这些也促使教学者在教学时，会站在更高的层级表达自己的观点。所以真正的尊重是非常可贵的。而在成年人学习的模式中，它又有着异常重要的价值。

当学员感受到被尊重、被鼓励，可以表达心中所想，提出心中所惑，而不因此有被评价的风险时；当学员通过无意识的多次试探和评估确定了这一感知时，他在学习时就会更加放松，从刚开始的"防御状态"慢慢变成主动参与，再到积极创造。表面上看，学员对知识内容越来越感兴趣了；深层次理解，我们将发现他们更喜欢自己能为学习创造价值和享受学习的状态。这一切都源于教室里的两种角色——"教学者"和"学习者"之间的尊重、欣赏和信任关系。

二、亲和，从来不是只在某个时刻

有的学习不是来自书本，不是来自专家言论，也不是来自思辨成长，而是来自身边某些人创造的特别时刻。

"倒水哥"的学习时刻

2014 年年初，我受邀到某国有银行安徽省分行，给三十多位银行高管讲授两天有关领导力的课程，地点在一家星级酒店的会议室。作为课程讲师，我像往常一样充分准备，并如期开始了课程的讲授。然而，才讲了十多分钟，我就被一个奇怪的现象打断了！

一位支行长突然站了起来，他四十多岁，身材消瘦，留着寸头，眼神专注，看上去很是专业和精干。他走到教室后方，拿起酒店的开水壶，慢慢悠悠地走回自己的座位，掀起桌上的陶瓷茶杯杯盖，往茶杯里加热水，然后"咣"的一声，清脆地盖上了杯盖。酒店服务人员、助教听到动静后，都急忙走到这位支行长身边，一边接过开水壶，一边小声嘀咕道："您坐，让我们来吧。"支行长用正常音量回复道："不客气，我自己来！"他的回应清晰有力，回荡在整个教室里。好像在他眼里，这不是一个正在讲课的教室。我和其他学员都注意到了这一切，但我没有停止，继续讲课。

因为担心继续沟通会干扰授课，服务人员和助教都退到了一边。这位支行长没有坐下，而是继续站着，自然而然地给整个小组的人一一倒上了水，"咣、咣、咣"的声音清脆地回响在教室里。其他学员都向这个小组投去了目光，本组的学员很是紧张，纷纷用手势暗示支行长坐下，并表示自己有茶水了，不必客气。而每一次支行长都清晰客气地回复："没事，多喝水，多喝水……"小组内一片尴尬。作为讲师，我有些困惑，也有些不安，但是内心迅速调整了状态，开始稍稍放大音量，更加抑扬顿挫地积极授课，同时向这位特别的"倒水哥"投去了关切的目光和欣赏的微笑。

精彩还在继续，"倒水哥"并未止步于本小组，他竟然提起开水壶，悠闲自在地给另外三个小组的同事也倒上水，然后慢慢回到自己的位置坐下，舒服地跷起二郎腿，双手抱胸，背靠在椅子上，像领导看待下属的样子，看着我讲课。我似乎感受到了一丝敌意，但仍迅速调整自己的心态，毕竟"倒水哥"已经坐下，好像开始听课了。我内心对自己说：这是好的进展！因此，我又积极地用友好的微笑表示了赞赏，同时把注意力集中在给全班学员授课上。由于我的专注，其他学员很快被吸引到课程内容中。

然而二十多分钟后，"倒水哥"又一次站起来，在教室里溜达，给自己加水，给同组学员加水，又引起一阵骚动。我看到了助教着急地在会议室后方走来走去，银行的人力资源总监尴尬又着急，不知如何处理。我用眼神暗示助教不用着急，自己又增加了一些声音的变化，快速切入实战案例的解析和多样化的教学活动，吸引更多学员将注意力放回课堂，同时依然保持每一次和"倒水哥"眼神接触时都温和而友好。学员们的注意力又慢慢回到了授课内容上。上午的教学非常精彩，三小时的课程里"倒水哥"给大家加了五次水。助教和银行人力资源总监中午和我讨论如何处理这样的状况，我想了想，告诉他们顺其自然，并安慰他们不用担心，因为可爱的"倒水哥"折腾了一上午，估计也挺累的。

下午的课程，还有第二天，"倒水哥"依然热情又执着地给大家的茶杯里加水，我也依然微笑看着他在会议室里来回溜达，其他学员似乎也适应了他的"捣蛋"，越来越专注于听课了……渐渐地，整个教室的氛围似乎发生了转变，从开始大家对"倒水哥"的行为充满嫌弃、头疼、尴尬、观望，慢慢发展成感到轻松、好玩。

而"倒水哥"的倒水频率也悄悄发生了变化：从原来坐二十分钟左右就倒水一圈，慢慢地变成三十分钟左右、一小时左右、两小时左右……作为讲师，我的心情也在悄悄变化，越来越高兴，越来越感激。我发现"倒水哥"开始越来越长时间地坐在位置上，身体逐渐变成前倾状态，还时不时在本子上记录一些东西，越来越专注于听课了，并一点点融入了小组研讨，到最后那个下午，他竟然举手发言，分享了一个很有价值的观点……我的心情在那一刻美妙得无法言表，一边向他投去赞赏的目光，一边在心里提醒自己：不要激动，不能赞赏过头，要克制自己，每一位学员都是一样重要……

两天的课程在"美妙节奏"的伴随下结束了。在客户和学员眼里，这应该是一场很不错的教学活动。当课程结束后，银行的人力资源总监和好多学员都私下和我交流，问了不少实践方面的问题，同时向我表示感谢……这样热闹了好一会儿，我们送走了客户组织者和学员，教室安静了下来，我和同事也开始收拾东西，准备去机场。就在我低头收拾电脑时，听到有人喊我："黄老师……"我习惯性地微笑抬起头，迎上对方的目光，是"倒水哥"！我不自觉地从微笑转向了好奇："嗨，陈行长，您还没有走啊？""倒水哥"认真地看着我，把包夹在胳膊下，慢慢地向我伸出了双手，我们的双手握住了。他清晰而有力量地说道："你是我见过的最好的老师！"话音一落，他就抽回双手插进裤子口袋里，愉快地离开了教室。

我愣了好一会儿，一股暖流散发到全身，脑海里情不自禁地回放着这两天的画面：那每一个容易产生对抗的时刻，我们都微妙地相处着、合作着，奇妙地转化为最后深深的欣赏和认可……谢谢"倒水哥"，他才是最好的老师！每个人都有自己的学习模式、学习节奏，而尊重、耐心和引领，是最好的建立亲和关系的基础。

老师和学生之间、讲师和学员之间、教学者和学习者之间，无时无刻不在互相沟通，用各种不同的方式交流着。创建亲和信任的关系，从来都不是成于某个时刻，而是由一连串的互动引发的一种综合的体验和感受。因此，教学者自身教学相长的心态特别重要。同时，教学者对自己的定位也会影响亲和关系的建立：不是高高在上的权威和专家，不是不容许学员出错的师者和前辈，更多是陪伴者、引领者、分享者、鼓舞者。这将是美妙的学习催化剂，创造了更利于学习和交流的氛围与关系。

三、学习能量是什么

教学者能创建充满亲和关系与信任的学习场域，促使学员们进入轻松、有趣的课堂氛围，让学员感受到被信任，并在鼓励下做一些新的尝试和突破。这时候的学习场域将充满能量，更好地彼此促进，使每一位伙伴的学习能量得到提升。那么学习能量是什么？

学习能量（learning power）是英国教育界近年来出现的有关"学会学习"的一种新理念，为切实改进教学法、进行课程变革、开展个性化学习，以及发展终身学习型社会提供了有力的理论依据和实践框架。学习能量可以定义为一个联合起来塑造个体参与学习机会的价值观、倾向和态度的复合体。学习能量理念产生的初衷是要探索那些有效终身学习者身上所具有的共同的素质。

在学习教室中，共同学习的人各自构建个体的学习能量，并交织在一起形成群体学习能力。群体学习能力可以粗略理解成学习者们共同的情绪、感受和对学习的理解与积极行为的综合状态。而老师是整个学习场域中最能调动和影响学习能量的人。好的课程和教学往往能让教学者与学习者共同进入"心流"状态：对学习内容充满兴趣、期待，全身心投入学习活动中，感受新知，大胆探索新模式。这样的体验往往就是我们所说的学习能量特别好的最佳学习状态。

四、建立亲和关系，提升学习能量

建立贯穿课程始终的亲和关系

亲和关系的建立从课程一开始就已经展开，对于学员而言是一连串的综合体验，不是单一时刻。老师可以做些什么来建立和学员之间的亲和关系呢？

（1）从专业教学展开
① 老师的专业的研究、丰富的经验、前瞻思维、开拓视野分享等。人们都喜欢知识渊博、干货满满的老师，希望从他的分享和行为中获得知识。

图 2-1　建立亲和关系的要素

② 对教学领域有深入的研究，擅长引导学员思考并发现问题，获得解决方案。

③ 有丰富的案例和故事，围绕教学主题进行展示。

（2）用学习活动引领

① 教学者开场的自我介绍：展示对教学身份的定位，告知学员课程内容，用语言表达塑造轻松友好的氛围。

② 开场的破冰活动：让学员之间互相交流和认识。

③ 引领和创造有趣好玩的学习体验活动。

④ 每个学习活动结束，留出时间让学员交流并吸收。一旦有了分享和交流，氛围就会变得更轻松。

（3）以个人授课技巧呈现

① 眼神交流建立亲和关系。

一个好的讲师，他的眼神一定能够传递出多种信息，不只是"看到"或"关注到"学员。他能够让坐在教室里不同位置的学员永远感受到讲师一直在对着"我"说话，他总是在关注"我"，从他的眼神中，"我"能感觉到认可、赞许、欣赏、鼓励、邀请……因此，我们需要练习用眼神的交流照顾到每一位学员，在和他互动的瞬间让他感受到我们的真实。

② 微笑令学员放松。

笑容总是能让人放松。如果我们希望学员处于放松和愉悦状态，我们就要自己先进入这种状态，然后带领学员一起进入这种状态。

③ 用变化的声音引发学员兴趣。

无论你使用哪种声音，一定要和你建立的亲和状态相匹配，不管是高音、低音、重音还是轻读，都能够融入情感。学员在声音中能听出你的喜悦，听出你的认可和欣赏，听出你的自信，也能够听出你对他的邀请。

通过微笑的眼神和声音去创造一个立体的、充满亲和力的场景。讲师在台上这样不断发出信号，期待和学员产生碰撞，让双方产生能量流动，并且互相激发。

进入讲师状态

对不同的课程、不同的学习者，讲师是可以持有不同状态的。有一些特别可贵的授课状态，是容易建立亲和信任关系的。

（1）好奇

讲师对学习者的分享、发言、活动体验充满兴趣，并展示出这种情绪状态。

（2）真诚的赞许

对教学中的发言者、贡献想法见解的人表示欣赏，对不同的人用不同的方式投入学习表示欢迎；让学员常常听到表扬、认可和鼓舞的话语。可以赞许个人，也可以赞许小组或者团队。赞许已经是每个有经验的讲师都习惯使用的技巧，赞许永远从真诚开始。你要习惯用感受来表达你的赞许，而不仅仅是用逻辑和理性思考让学员感觉到"我做对了，因此得到了夸奖"。

（3）专注和投入

讲师自身也要全身心投入学习过程中，认真倾听，积极分享，展示出尊重和友好，和每一位学习者充分交流。

面对困难时刻的亲和行动

在轻松的氛围、友好的学员反馈下建立亲和关系，对很多教学者而言并不困难。最大的挑战是面对突发事件、学员的质疑和挑战、不被信任的对话等看起来不是支持学习的学员或者情形，在这些情况下，继续建立亲和关系的行动并不容易。

我曾经在一家大型培训机构担任技术副总裁，管理公司五十多位职业讲师和顾问。一天，负责一个领导力学习项目的顾问向我抱怨，说其中有位M老师的教学方式很有问题，希望他能做出调整。经过交流，我了解到M老师在课程讲授中，常常不按照教学计划授课，一天六小时的内容只讲了60%，和其他班级的进度比有差距。造成这种情况的主要原因是，在课程中只要有人提问，M老师就花很长时间和对方沟通讨论，一定要对方接受意见才停止。有时一场沟通要花三四十分钟，其他学员都分散注意力在开小会了，他还兴致勃勃地坚持到底；有时不能沟通成功，就和学员很别扭地对峙着。

事后我和M老师进行了交流，我很好奇地问他："当有学员提出问题时，你们花了那么长的时间，主要在沟通什么呢？"

M老师很敏感："对不服气想挑战的人，就要好好和他理论一番，让他知道自己的狭隘无知。"

我笑道："那你怎么知道他是想挑战你呢？怎么发现他是狭隘和无知的啊？"

M老师迅速接话道："无须判断，我直觉就是，他提问就是想挑战我！"

……

试想，当教学者持有这样的想法时，每当学员提出问题他就视为挑战，那么授课状态就很容易变得紧张、有防御，并且有一些对抗行动。这样做可能会伤害真正提出问题的学员。

请回想你的教学经历，当学员向你提出了截然相反的观点，甚至质疑你的经验和资历，或者如"倒水哥"一般"调皮捣乱"时，你会有怎样的体验和感受呢？确实，我们站在台上，即使是有经验的教学者，也会有一刻感到慌乱和紧张。这时候，我们可能会想快速结束这个部分，甚至回避提问学员的眼神；也可能会大脑一片空白，不搭理对方，继续讲课；还可能会试图通过大量解释，像战斗一样，无意识地保护自己。

这些做法都不利于课程继续轻松讲授，我们也需要一些时间调整自己的状态。那么怎样处理这些困难时刻，让我们更好地持续具备亲和力呢？

首先，授课对于教学者而言确实是一场有趣的修炼。困难时刻就像一面镜子，会找出我们的自我定位和状态，也反射出我们面对冲突的处理模式。请观察我们自身教学的前提假设，内在心智模式的升级将使我们面对外界反馈时，不会迅速进入敏感的对抗模式。

其次，从方法流程上来看，更有效的方式是为答疑和反馈争取一些时间，调整状态，弄清问题后再做回应，同时也缓和对方提出问题时可能带有的对抗情绪。

具体而言，可以采取如下流程：

首先，回应、认同对方提出问题的正面动机。

其次，澄清和确认对问题的理解。

再次，做出回应供其参考。

最后，放松，并结束这次对话，放下这个话题，将注意力投入在继续讲课中。

示例｜**辅导员工课程中的挑战**

学员：××老师，是所有辅导中都要提问吗？我看不见得，直接告诉员工有效的建议还不对吗？做领导有那么多时间吗？

讲师（可以尝试快速调整状态，尽量保持放松和微笑）：您很有经验，一句话就点出了所有领导者面临的共同问题——时间不够。我从事管理工作时，也常常遇到工作任务多、时间紧、员工能力不足的问题。也谢谢您直接、诚恳地把工作中的实际问题拿出来探讨。您的想法是：领导者时间不够，一定要在辅导中解决员工的提问吗？还是直接给出有效的建议呢？

其实大多数领导者都可以直接告诉员工怎么做，好处是什么？高效。如果员工不理解或者有自己的想法，执行不到位，那还能保持高效吗？可能会遇到困难。我们今天的课程让大家了解到：辅导员工是项长期的工作，而辅导谈话的内容常常包括解决问题、布置工作、指导思路、规划发展等。不同的议题和员工的准备程度不同，会有不同的做法。毋庸置疑的是：如果问题时间紧、急于处理，我们直接告诉员工做法是高效直接的，当然没有错；今天我们讨论的话题，也是之前课程中谈到的，如果员工有能力、有方案对一些工作进行思考和规划，可以先问问员工他自己的想法，有可能会发现创新的好方法。而员工对自己想出来的解决方案，也会更加投入地去执行。从管理效果和员工能力提高来说，这也是高效的、节约时间的做法。因此不是说之前的方法是错的、现在是对的，以后都要按步骤流程辅导员工，而是领导者在和员工沟通时，多了一些方法和策略，我们更灵活了，有更多选择了。这些新的方式可以更好地鼓舞员工，激发他们的动力，这也正是我们需要的。

再次感谢××提出的思考，让我们进一步明确了领导者如何在不同议题的辅导中应用今天学习的沟通技巧。

理解学员的每一个行为都有一个正面动机，迅速发现这个正面动机并给予认可和赞许，再就问题本身给出一些建议和反馈。正视问题背后的动机，问题就不再是尖锐的挑战。并不是每一个讲师都可以在课程中完美呈现自己的观点，所以我们首先要接受的是，讲课不可能是完美甚至完整的。学员问一些尖锐的问题很正常，应该予以接纳。学员的问题反而激发了我们，使学习状态更加深入。

第 **3** 章

让课堂聚合能量：
观察调整学习状态

　　教学的本质，不仅仅是传递信息，更是在教与学的过程中让学习场域中的人们同频共振，彼此激发，这是一个互动过程。人与人之间的互动能带来能量的变化，人们共同构建的氛围和隐性牵引力也能对学习、交流、讨论、工作产生强大的影响力。而作为学习的引导者和创造者，老师、教练、讲师们都可以用这样的力量增强学习的影响力。

一、影响学习效果的学习背景

试着回想你最喜欢的学习课堂，你当时的感受如何？学习现场具体是怎样的情形呢？

不难发现，那些令人难忘的学习课堂，不仅仅是学习内容专业、老师授课技巧好，还有学生和老师之间融洽的亲和关系，同学之间互相碰撞、彼此支持的课堂氛围，更内在的是，人与人之间在学习当下构建的能量流动。

学习能量

在建立亲和关系中我们谈到了学习能量：在学习教室中，共同学习的人各自构建了个体的学习能量，并交织在一起形成了群体学习能力，即学习者们共同的情绪、感受和对学习的理解及积极行为的综合状态。好的课程和教学设计往往能让教学者与学习者共同进入"心流"状态：对学习内容充满兴趣、期待，全身心投入学习活动中，感受新知，大胆探索新模式。这样的体验往往就是我们所说的学习能量特别好的最佳学习状态。

学习场域

"场域"的概念最早由法国社会学专家皮埃尔·布尔迪厄提出：我将一个场域定义为位置间客观关系的网络，这些位置是经过客观限定的。布尔迪厄的场域概念，不能理解为被一定边界物包围的领地，也不等同于一般的领域，而是其中有内含力量的、有生气的、有潜力的存在。

同样，"学习场域"不是纯粹指物理的学习场所，而是涵盖了人们在有形或无形的空间里（有形主要是指教室学习、线下学习，无形主要是指基于互联网的线上学习），因为分享、讨论、碰撞、教与学而产生的含有力量、情绪和彼此感染、传递机制的存在。

学习背景

人们学习能量和学习场域的融合，将为更大的学习成果创造一个可支撑的背景；这个背景又将循环促进人们的学习能量提升，促进学习场域融合。而教学者是整个背景中最能够调动学习能量、影响学习场域的人。在适合的学习背景下，教学者引领学习者共同创造内外合一、高能量的课程，让每位学习者学有所获。

如图 3-1 所示，学习能量是影响学习场域、学习背景的基础，那么教学者如何通过观察学习能量来了解学习效果呢？可以分成"个体学习能量"观察和"群体学习能量"观察两条路径。同时，学习者个人的状态、能量也会影响到群体的状态、能量。

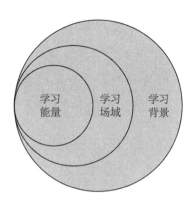

图 3-1 学习能量、学习场域和学习背景的关系

二、观察个体学习能量，设计以"人"为中心的学习过程

个体学习能量是指学习者个人的学习状况、学习进展和学习变化。

教学者无须将全场所有学习者的个体学习能量做细致的观察和记录，只需要抓住重要学员。建议把以下三类人群作为重点观察对象，来调动其积极学习能量。

① 学习参与度较低的学员。要通过多种支持手段，提高他们的学习参与度和自信心。

② 学习活跃度高的学员。要增强学习场域的作用，让他们保持高能量，挑战困难学习时刻。

③ 隐性权威学员。这样的学员有经验，学习能力强，知识背景丰富，职位一般高于其他学员。他们的一举一动都会影响其他人的思

考，其他人会下意识地模仿他们。对于这类学员，要引导其发挥榜样的力量。

那么，怎样观察个体学习能量呢？基于不同的学习内容和课程目标，有着不同的侧重点，主要聚焦在三个层级（见图 3-2）。

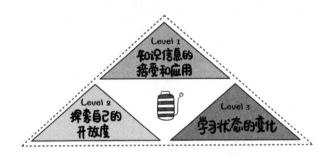

图 3-2　个体学习能量的三个层级

Level 1：知识信息的接受和应用

在学习中涉及的理论、模型、方法、知识技巧、工具等，学习者对此的理解和现场互动练习中的应用情况，以及就这些方面主动参与分享的意愿。

Level 2：探索自己的开放度

对于学习中涉及自我的工作、生活、思考等各方面，学员有多少意愿去主动讨论，真实面对，观察反思；在多大程度上就"我"的话题进行思考、实践而获得进展。

Level 3：学习状态的变化

学员在学习中的情绪状态、参与状态、和他人交流及互动状态。这些状态的变化趋向怎样的情况：时高时低？无变化？慢慢打开？突然变低？等等。

当教学者有意识地观察个体学习能量时，就像在教学中一直开着"摄像机"和"感受器"，同步记录学习者的进展和变化。在需要的时候，这些信息和感受将被快速提取，用于对学习者的关心、鼓舞，或辅导教练、短暂的交流，以支持学习者的个体能量慢慢放大，帮助学习效果深化。

很多人都同意：最好的教学是因材施教的方式，最好的学习反馈是因人而异的反馈。那么，看看针对不同的学习者可以有哪些不同的教学策略。

假设如图 3–3 所示：A、B、C、D、E、F、G 七位学习者是本次课程中老师选择观察的重点。空心表示学习者原来的综合水平和状态，实心表示学习者在本次学习中的进展。综合观察发现：

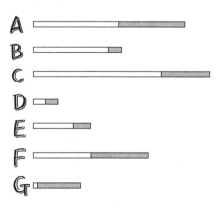

图 3-3 不同学员的学习进展

①学员C：领先者（★★★★★）。

学习水平和状态本来就非常突出，本次学习依然领先。对知识信息的接收、对自己的探索开发和状态能量都是学习场域里的领先者。

个性化教学策略建议：第一，可以大胆给其布置挑战性学习目标，发展其潜力；第二，让其带领开展部分难度较高的学习活动；第三，让其成为教学者的搭档和协作者。

②学员A、F、G：积极者（★★★★）。

这三位学习者，虽然原有的基础和经验参差不齐，但是在本次学习中，三位都保持着特别好的进展和状态。尤其是G，尽管基础差，但是学得快，非常值得赞许和鼓励。

个性化教学策略建议：第一，赞赏、认可，借由个性化点评反馈增强他们的学习效果；第二，鼓励其探索更多学习成果。

③学员B、E：中间力量（★★★）。

这两位学习者，学习进展不大，学习变化不突出，比较安静。有的人是在观望、观察和自我保护，不太想和同学或老师在场域内有太多深入的碰撞与交流。

个性化教学策略建议：第一，保持观察，同时对其参与和进展给予积极反馈；第二，鼓励更多同学之间的互动活动，让其有机会在自己认为安全和舒适的范畴内慢慢放松；第三，不勉强，保持尊重，让学习者以自己的节奏、方式进行学习和参与。

④学员D：落后者（★★）。

看起来在本次学习中，学员D的相关知识、经验都落后于其他人，学习进展也并不突出。这就值得教学者进一步细致观察和了解他的想法和需求，给予一些个性化的辅导和鼓励。

个性化教学策略建议：第一，关心他并进行线下交流，提供反馈和鼓励; 第二, 了解原因, 进行辅导教练, 提供学习建议, 可适当下调学习目标; 第三, 保持关注, 增加交流机会; 第四, 可以通过小组学习的方式, 带动其进展。

对于不同的学员, 在不同的学习阶段, 追求和关注的重点或许不一样。有了对学员个体能量的观察和差异化的教学策略, 我们能创造的就不仅仅是学习成果, 还有价值, 以及对人发自内心的尊重和珍视!

破茧成蝶的美好

2018 年夏天, 在深圳南山区的一家酒店里, 我们开始了为期四天的 "高级教练式培训师训练" 的学习。这是一场特别高能量的教学体验。作为教学者的我非常兴奋, 一想到要和三十多位来自全国各地的优秀的讲师共度四天的学习时光, 有点像华山论剑, 我就很激动。

这门课程非常容易看到学员在学习前后的显著不同, 因为每一天都会有 2～3 场讲师技能的刻意训练, 讲师们会通过训练和获得反馈来学习课程中的知识、技巧和工具, 并且迅速提升。我常常观察到学员们投入训练之初的忐忑, 以及收获进步的兴奋状态。

然而有一位陈老师很特别。她上课时常常身体前倾, 遇到不理解的地方会眉头深锁, 然后慢慢地低下头, 好像在记录学习笔记。训练环节开始, 大家都兴奋地找搭档, 热热闹闹进入演练, 而她总是慢悠悠地最后一个起身, 手里拿着笔记, 四下观望, 等待其他同学召唤她进组练习。每场不同的训练, 她总是主动排在最后一个, 再找各种原因不参与训练。训练时也总是在观察其他同学, 赞赏其他同学。每当发现我在观察她的练习情况时, 她会迅速转移视线, 不想和我有眼神交流。同时我也感受到, 陈老师不想我走进她所在的训练小组。她有些紧张和敏感, 似乎在担心什么。

这些情形我都悄悄观察着，同时保持着对她的关注，对她的投入给予及时的肯定。她的状态越来越放松了。

第三天的下午，一场技能训练和示范全部讲解完了，讲师们迅速投入新的主题练习中，陈老师还是慢人一步，坐在位置上。这时我走到她的身边，蹲下身子，微笑着小声问道："陈老师，我们可以简单聊一会儿吗？"她有点惊讶又有点慌乱，迟疑了几秒后，挪了身边的位置给我："好的，我也想和您沟通的。"我们开始放松地交流起来。一会儿，我主动谈到了关于练习的话题，并且真诚地赞许她在给其他同学提供反馈时非常认真细致，有时还会做细致的笔记，然后问到她自己的练习感受是怎样的。她迟疑了一会儿，才慢慢说道："到目前为止，我没有参加练习……因为同学们太优秀了，我不想耽误大家，怕影响别人……我没有关系的，不重要，就是来看看……"说着说着，她展示出了紧张和不自信。我看着她，似乎看到了一个更深层的原因。接着我温和而坚定地说道："你啊，非常非常重要！你的练习和其他同学的练习一样，都很重要！其实我内心更期许看到的是你的练习，听到你的分享。这能给大家带来很多有价值的学习交流机会！"她一边认真地听，一边流下眼泪……这时，我再次重复："无论以前发生了什么，请从现在开始，一定记住：对你而言，你才是最重要的。"空间里充满了温暖的能量，陈老师用力抓着我的双手，笑着点了点头，不知道该怎么表达。我们的交流很短暂。一会儿她就向我请假，离开教室回房间休息了。

课程第四天一早，我看见陈老师充满笑意地坐在教室里向我点头微笑打招呼，似乎整个人都焕发光彩了。那一天，她参加了最后两场小组讲师训练，而且她总是要求第一个上场练习。虽然她还是有些紧张，但她也能享受到大家对她的喜欢和掌声了。小组训练结束后，陈老师第一个冲到我身边，她兴奋极了，高兴又骄傲地对我说道："哎呀，我讲得真的太好了！"我被她感染，非常喜悦，也非常得意地说："我早就看出你很厉害啊！"接着，她高兴地跑去和同学们分享自己的第一场练习。那一刻，温暖的阳光穿过窗户照在她的身上，似乎见证了一场悄无声息的破茧成蝶！

　　一场有价值的学习不一定是收获了所有的知识和信息，也不一定是在每一时刻都表现优秀，可能只是自己的某个部分有了突破和转变。这无法用数据来衡量，而我们清楚地知道，那是重要的学习价值！

　　对学员个体学习能量的观察，不是为了"修理"学员或"帮助"学员。教学者应该作为"个人"对学习者给予尊重、陪伴和引领，这些观察就是激发这一切的基础。

　　而对于教学者而言，观察学员个体学习能量比观察群体学习能量更不容易，无法一蹴而就。在授课过程中要保持多个体、多维度地观察，这也是一种教学习惯的养成过程。教学者需要在教学时全身心投入与学员的互动和联结中，保持注意力高度集中，认真对待每一位学员、每一个时刻。这样，观察将变得自然，视角会被大幅度拓展，某一瞬间，你可能会发现自己已经获取了大量关于学员的信息。同时，我们要将这些信息放在一个特别的"数据库"里，不轻易行动。保持耐心和持续观察，更有期许地去支持每位学员。当你和学员的亲和关系足够强、你对学员的观察足够充分时，你会发现"破茧成蝶"的时机已经来了，这时候才适合引领学员向内观察，支持他们向前探索。前提是，不要以有成果为目的，不要带着压力和结果去沟通，多给予学员支持和鼓励，尊重其所有的节奏和想法，这才是真正以"人"为中心的学习。

三、观察群体学习能量，设计和调整学习场域

现在社会，人们喜欢的学习都是充满互动、交流、高价值碰撞形态的，早就不是教学者一味地输出信息和知识了。以群体视角去看待学员的能量状态，更能发现学习场域的存在和价值。

群体学习能量是指整个学习群体之间互相促进而带来的整体学习状况、学习进展和学习变化。

群体学习能量不仅取决于教学者对学习的影响和干预，也取决于学习者之间的交流和促进。学习者从进入教学现场开始，就在慢慢地融入学习氛围和学习场域。大家开始互动、交流，同时带有期待和准备的状态。对群体学习能量的观察和调整，是贯穿整个学习旅程的，而不是某个时刻。

群体学习能量的观察，从最初的设定开始

在观察之前，作为学习的设计者、引领者和内容输出的主要一方，教学者首先要思考几个问题，来厘清学习成果和群体学习能量之间的关系：

① 本次教学最重要的目标是什么？对学习者而言，理想的学习成果是什么？

② 学员要保持怎样的学习状态，才能支持学习成果更好地达成？

③ 为了这样良好的学习状态，教学者要做哪些准备？

有了一份清晰的思考，就可以为学习设定群体的学习状态、能量水平，并对教学设计做相应的调整和准备。

（1）教学前的准备

① 基于学员群体学习能量的考虑布置教室，每个细节都支持学习场域的塑造。

② 教室里的音乐、灯光、学习海报、学习用品等细节，要支持学员的目标体验。

③ 准备课程开场破冰、教学活动设计、学习总结环节的时间，并预想学员视角的感知，及时调整和发展学员的群体学习能量。

示例　CTT 高级教练式培训师（学习时间：4 天）

学员对象：讲师、顾问、教练。

学习目标：掌握教练式培训技艺和工具，提升教学能力。

群体学习状态设定：放松开放，轻松有趣；积极参与练习，大胆质疑反思；互相支持，彼此欣赏。

教学前准备：

① 开放式剧场，横着摆放座椅。学习者更容易看见现场示范，容易参与课程（见图 3-4）。

图 3-4　课程现场布置示例一

② 教室场地空出 50% 用于现场小组训练。不摆放桌子，便于灵活调整练习空间。

③ 课程偏实战，不适用幻灯片，所有内容采用手绘海报，增加学员视觉感官体验（见图 3-5）。

图 3-5　课程海报示例

开场准备舒缓欢快的音乐、零食和鲜花，营造让学习者放松快乐的场域，鼓励他们与他人交流。

在课程设计上，每个模块的学习都设计了全互动的教学闭环：讲授＋示范＋练习＋答疑。多准备一些新的教学道具和活动，用于课程中激励能量调整。

示例 **教练型领导力训练（学习时间：2 天）**

学员对象：企业中高层管理人员。

学习目标：学习教练理念，应用教练工具思考团队现状，展开下一步领导策略。

群体学习状态设定：开放好奇，深度思考，积极认真；参与每一场教练工具的练习；彼此交流、分享，保持高度专注。

教学前准备：

① 鱼骨式摆放桌椅。现场布置多选择绿色和蓝色，有利于营造思考氛围（见图 3-6）。

图 3-6　课程现场布置示例二

② 教室场地空出 40% 用于教练对话，并可延伸至教室外，进行走动学习交流（见图 3-7），促进领导者更换思维模式。

图 3-7　室外学习交流

③ 学习主要使用 PPT 投影，将核心工具视觉化海报粘贴在墙上，并增加异型 KT 板，让学习好玩，有新鲜感。

在课程设计上，每个模块的学习都设计了学、练、用的闭环：讲授＋练习＋应用研讨。多准备一些新的教学道具和活动，用于在课程中激励能量调整。

示例

DDW课程开发与设计（学习时间：2天）

学员对象：某企业大学全国培训负责人、骨干、高级讲师。

学习目标：学习课程开发思路和工具，完成课程开发任务。

群体学习状态设定：积极主动，高度专注投入，坚持完成挑战的开发任务；游戏化学习竞争；学习氛围好玩、有趣、严格。

教学前准备：

① 设计游戏化闯关看板，植入学习剧情，游戏化布置教室，以激发学习者好奇心和竞争感（见图3-8）。

图3-8 课程现场布置示例三

② 学习主视觉设计是PPT+工具看板。

在课程设计上，每个模块学习采用"讲解＋任务挑战＋辅导＋

积分闯关"的模式，以保持学习互动。用个人积分和团队积分保持个体和群体的学习能量（积分卡如图 3-9 所示）。

图 3-9 个人积分卡示例

（2）教学中展开观察和及时调整

基于目标学员群体学习能量的最初设定，观察大家的学习状态和进展，并积极做出调整、干预，让群体的学习能量保持积极向上的状态。

以图 3-10 为例，实线是学员群体学习能量的最初目标，虚线是学习推进过程中学员群体学习能量变化实况。学习能量大大低于或高于最初目标时，都是教学者可以调整教学计划、做出干预的时刻。

图 3-10　观察群体学习能量

调整学习能量最有效的方式包括：设计与改造教学活动，赞赏、鼓舞学员，改变学习状态。

（3）教学后复盘 & 获得反馈，再次优化

学习结束后的复盘，以及获得不同视角的反馈都非常有意义，一方面，它能让教学者更加准确地观察学员群体学习能量，把控学员的学习状态；另一方面，它能帮助教学者避免主观视角产生的盲点。通常可以向学员、共同授课的同事或搭档获得反馈，企业培训的教学者还可以向客户和主办方获得信息。

体会学习者对学习能量的感受

教练式培训师的课程学习标准时间是四天，参与课程的学员有两种身份，既是工作中的教学者，也是这门课程的学习者。学员在双重角色里去体验学习能量，完全拓展了新的视角。

培训课堂中团体的能量和个人的能量一直是我不太在意的部分。今天我意识到了这一部分的重要性，也学到了如何通过不同的方法调整能量。

——"正面管教"讲师　Sally 老师

调整学员能量状态需要对学员状态保持觉察，及时调整个体视角、团体视角或主题视角。通过学习实际移位授课、竞赛及规则调整，我感受到了自己及学员能量的提升。

——"大客户销售"讲师　王老师

在这样的课堂里，我学习的心态放松了，允许自己犯错，允许自己不完美。我告诉自己：哪怕每次学习稍微进步一点点，只要我坚持不懈地提升，有一天，我总会达到我理想中优秀讲师的样子。这好像是来自教室里大家共同的能量影响。

——"销售管理"讲师　张老师

观察调整能量环节带给我的震撼是很大的。先是利用变换场地，让我们直观感受能量的调整。同时边讲课边设置竞赛环节，让学员专注度保持在较高的水平。之后回顾和总结了几天来课堂上调动能量的方法，并启发学员探讨更多的办法去调动能量低、不参与的学员。这些都让我直观感受到利用课程设计活动、趣味测试机制、趣味积分竞赛、走动式学习升级学员学习能量的魅力。

——中学教师　熊老师

观察调整能量增加更多的学习活动设计，让课堂具有高能量。我在这个环节中非常深刻的感受就是：自己站在学员的角度被课程导师和同组各位老师通过调整能量的方式激活了，在课程现场产生了积极的创造力。

——培训机构总经理　Jenny 老师

　　"观察学员能量"这一模块的学习，让我找到了讲师在培训中设计教学活动的理论依据。以前我只是傻傻地闷着头做各种设计，却不清楚为什么要这么做。我了解到不但要观察个体学习能量，还要观察群体学习能量，根据能量水平的不同去灵活调整自己的课程活动，有种茅塞顿开的感觉。

　　　　　　　　　　　　——六顶思考帽认证讲师　Grace 老师

　　调整学习能量最有力量的方式就是应用多样化的教学活动，让学习者沉浸在心、脑、身体全方位互动的课堂里，而不仅仅是满足学习者的听觉需求，大量输入知识和信息。

　　教练式培训的学习活动有着独有的特点：轻松，可灵活插入原有课程设计；无须对课程知识内容结构进行大型改造，很适合教学者灵活应用；同时，学习活动也是紧紧围绕学习者和教学目标发生的，和学习能量变化密切相关。

第**4**章

让点评富有价值：
创造现场学习的独特记忆

现场教学之所以让学习者印象深刻，是因为那个学习时刻是共创的，有学习者的参与和贡献。尤其是点评的对象有"我"时，无论是"我"个人、"我"所在的小组或团队，"我"都是其中之一，因此学习者将快速提高注意力，关注当下的课程现场。

一、点评的高频使用场景

点评是一种常见的教学活动，很多教学者在授课时都有使用，但人们往往把点评技术的应用仅仅理解成提供反馈与评价。这使点评的教学效力大大降低，没有发挥真正的价值。

曾听一位全国顶级企业大学的校长谈起，他是如何识别授课老师的专业水平的，其中最为关键的一条就是现场观察和点评能力，他认为这是最考验真功夫的时刻：把专业知识、丰富实践融进学习现场，为学员创造新知，帮学员发现盲区。

点评有不同的程度：

① 就事论事：基于现场发生的真实情景、训练情况提供反馈与评价。

② 升级认知：在基于事实的反馈后，延伸和升级相关知识，拓展学习内容。

③ 创造觉察：透过事实，回到学习者的心智模式、思维习惯，分析优劣势和不同影响，帮助学员创造觉察，打开盲区。

不同程度适合不同场景，基于课程的学习目标和学习形式走到不同的程度，并不是每一次点评都需要创造觉察才是最好的。对不同程度的点评方式的选择，基于教学者和学习者在教学现场的共创和同频共振的情况。

什么时候是点评的高频使用场景？无论采用怎样的教学形式，应用点评都可以促使学习者迅速集中注意力，提升感兴趣程度，因此教学者要灵活、经常应用点评。

那么，点评技术在不同教学场景植入会产生哪些独特的学习价值呢？

高频使用场景一：训练或练习技术之后

学习价值：★★★★★

点评难度：7分（最高10分）。

教学中大部分技巧流程类、操作步骤类的学习，会使用训练和练习作为主要的教学活动，最主要的目标是帮助学习者清晰理解具体的步骤及其应用方法。这类学习活动的主题如表4-1所示。

表4-1　技巧流程类学习主题举例

企业培训	教育教学	亲子学习
• 电话销售的六步法 • 演讲的台上五大基本功 • 客户管理系统的开发操作 ……	• 用英文提出求助的不同情境 • 用创新模型解读方案的六大步骤 • 五步制订一个学习计划 ……	• 处理亲子冲突的四种方法 • 正面赞赏孩子的三种方法 • 和孩子制订学习计划的五步法 ……

• 点评应用时机：训练及练习技术之后，及时点评反馈。

• 点评目标：帮助学习者掌握有效步骤，形成初步的行为习惯。

• 点评对象：个人或小组（团队）。

• 点评内容：训练中发现共性的优势，以及共同的问题和不足。

• 点评策略：多维度观察，精准记录；从客观描述开始展示教学
者的思考和反馈。

高频使用场景二：讨论、分享观点之后

学习价值：★★★★

点评难度：8 分（最高 10 分）。

当学习者在研讨任务的促进下，进行了主题学习、思考和讨论
后，将发表自己或小组（团队）的观点时，现场点评反馈可以帮助其
他学习者了解该发言个人或小组的亮点和独特视角，发展共同学习的
优势。同时，教学者需要及时指出不足和风险，不仅帮助发言个人或
小组及时反思，也帮助所有学习者看到风险和问题。这是基于现场发
生思考的反馈，更能促进大家洞察当下。现场学习因此而不同，更加
有针对性。

这也大大地挑战了教学者对自己主要研究和教学领域的专业、熟
悉程度。同时要求教学者在教学现场能保持专注和乐观，积极聆听学
习者的发言，不轻易批判，不随便评价。

示
例 **研讨主题和形式举例**

1. 案例研讨：

请观看视频案例，并展开小组讨论：如果你是李经理，你将
如何回应客户提出的投诉和建议？请分析不同做法的优势和风
险，并列在学习手册上。研讨时间：10 分钟。

2. 工具应用案例研讨：

阅读并了解提供的 A 企业信息，请应用本单元学习的 ××

模型对该企业的财务报表进行分析和诊断，并提出 A 企业下一步资金优化的具体建议。研讨时间：20 分钟。

3. 解决方案性案例研讨：

请了解本阶段客户提出的问题和需求。把握关键，应用我司的金融服务产品为客户提供初步的综合金融服务方案，并站在客户视角阐述该方案的亮点和优势。准备时间：30 分钟。阐述时间：8 分钟。

4. 主要事件和解决方案研讨（亲子类）：

视频中的妈妈发现孩子带着两盒糖果离开超市，并没有付款，也未主动告知家人。请思考：如果你是妈妈，你将如何与孩子沟通并如何处理这种情况？小组研讨时间：8 分钟。发表观点：每组 5 分钟。

• 点评目标：通过现场点评促进学习借鉴和反思。

• 点评对象：个人或小组（团队）。

• 点评内容：分享内容的亮点、值得他人学习借鉴的部分；指出可能存在的风险和盲区，并鼓励学习者应用所学进行思考和转变。

• 点评策略：专业内容和学习的延展，保持专注的聆听与客观的评价。

高频使用场景三：学习活动的过渡和转接

• 学习价值：★★★

• 点评难度：6 分（最高 10 分）。

• 把握关键：短、频、快。

课堂上我们通常会使用一些学习活动来进行课程破冰，让学员快速融入课堂；在课程的间隙使用小的醒脑活动，让学员的学习状态快速恢复高能量；还会在讲授课程知识点中贯穿和课程相关的游戏活动，帮助学员更好地理解知识点。在这些活动中都可以穿插短、频、快的点评。每次现场点评约 1 ~ 3 分钟。点评的意义不仅在于创造学习价值，也会促进学员的能量提高，让学员意识到，老师对自己一直有观察，有反馈，从而产生学习乐趣。

- 点评目标：即时反馈，促进能量和交流。
- 点评对象：个人或小组（团队）。
- 点评内容：夸奖、赞赏、调侃或者有趣的反馈。
- 点评策略：通过短、频、快的点评让学员保持注意力高度集中；确保点评能覆盖到所有个人和小组，尤其是赞赏。

二、走出点评的误区

不少教学者认为点评是一项简单授课技巧，很容易掌握。很多人使用点评也是"简单粗暴"的：快速总结学员说过的部分观点，直接评价，有时给予粗糙的赞赏和夸奖："很好，特别棒！请大家给予掌声。"这样的点评反馈，最容易让点评流于形式。事实上，点评是现场教学最主要的一个方式和渠道。从学员视角看，点评和自己因进步获得的反馈直接相关。从教学技术出发，点评最容易看出教学者的专业水平和教学技术，也能折射出教学者对教学的投入和认真程度：有多关注学习的效果、学员的投入程度以及学习过程的氛围，是否真正做到以学员为中心，而非以教学者为本位。所以，点评所呈现的不仅是一个教学者的专业技术，更是他的教学前提假设、学习理念和职业修养。

在课程中，要用好点评，就必须注意避免以下误区。

误区一：点评 = 评价

不少教学者误以为点评者是持有"师者"身份给予学员评价，因此在点评时会使用"我是老师"的高高在上式的评价风格，语言往往是："你们就是这些方面做得不好！不如×××。""你就是沟通能力不行，要加强！""你这个人都没有想清楚就说，用脑子思考后再发言。"

成年人的学习内心更在意被尊重、被赞许和鼓励。他们对在公开场合被批评是极敏感的，容易产生辩解和对抗，从而进入防御状态，以致很难收到良好的学习效果。教学者的评价应该具备客观信息和专业知识，如果给予的反馈是在打压学习者而非建议，就偏离了教学的本质。

我遇到一位学员，她是某高校的心理教师，为高校学生讲授心理课程并提供心理咨询服务。她为人非常善良，热衷公益服务，并且积极学习各流派专业知识以求提升。在 2009 年，她参加了一个心理学疗愈技术的课程，被一位她原本极其信任的"导师"当着全班学员点评"缺乏资格感，没有从事心理咨询工作的天赋"，此后大半年的时间里，她都陷在非常灰心、不自信的状态中，不知道自己是否有资格继续从事热爱的心理咨询工作。后来她请教和咨询了不同的专家，才慢慢恢复了自信。

一位专业的心理咨询工作者尚且会遇到被不恰当评价带来的困扰，更别说普通学员了。因此，教学者保持中立客观，仅对教学现场发生的行为给予反馈，是基本的职业操守。点评不是直接评价，更不能对学习者的信念、价值观、身份和品格等提出负面评价。

误区二：点评演变成无谓的夸奖和流程

新手讲师的点评三板斧常常是：总结，夸奖，进入下一步。形式也是短、频、快的。

学员话音刚落，讲师们就开始流程性点评：说得特别好！我们大家把掌声送给 ×× 。那么下一位发言的是……

刚刚第二组的代表分享的观点我也特别认可，现在听听第三组有什么不同。

……

教学者没有把握点评创造价值的高频场景，在表达时基本没有关注学员，缺乏高质量聆听，仅仅是走过场，通过短小的点评带流程走向下一个学习活动。这种流于形式的点评，更像是主持人串场，并不能真正促使学习价值的产生，也无法提升课程能量和吸引学员的关注。

误区三：点评只说问题和不足

很多教学者在课程中会把点评聚焦在说明问题和不足上，他们的教学前提假设往往是：不说那些虚的，把时间花在有价值的地方，就是直接讲问题，直接说他的不足。因此这样点评的氛围常常会变得很严肃、压抑，有时被学员理解为批评不断，大家处在压力状态中。充满压力的点评氛围肯定给学习现场带来了负面影响，也给教学者自己带来了负面能量，很难让学员们处在一个更开放、更接纳意见的状态中，会让大家变得紧张，发言谨慎。也有一些学员会在批评式的点评下提出不同的观点和意见："我不是这样想的，你理解得不对……""这个计划其实是这样的……""你建议的做法就没有问题吗？太不了解我们的情况了……"表面上看，他们是在提出自己的观点和意见，但从其情绪和感知来看，有些人其实已经进入了不安全、防御、抗辩甚至挑战和攻击的状态。

所有的学习活动都需要被看到正面的、积极的、值得赞赏的部分，并且被真诚地指出其价值所在。教学者应该持有"教学相长"的前提假设，去设计教学方式，营造学习氛围和能量。要欣赏、鼓励创造更好的学习氛围，教学者要鼓励学习者大胆发言，分享观点。

误区四：遇到高水平学员，就不敢点评

一些从事企业领导力培训的讲师在面对企业中高层领导者时，可能有巨大的压力；一些教学者会发现学员的专业能力和社会阅历高于自己，会产生"说错了怎么办"的担忧；也有一些人讲授自己不熟悉的主题，担心学员提出问题和挑战。他们在教学现场会聚焦讲解和输出，放弃答疑和点评，担心太多点评会显得自己不够专业和有经验。这种做法的前提假设是：点评只是教学者可以做的。其实，点评的应用是多元化的。遇到有经验、学历高、思考能力强的学员，可以创造

"互动式点评"。让大家都应用点评贡献学习经验，无须把压力都放在教学者自己身上。关键是需要设计好"互动式点评"的流程和细节，并且擅长总结大家输出点评的亮点和框架。这是教学者可以"草船借箭"，真正引发大家现场共同创造学习成果的好机会。

三、多层次点评贯穿法

多层次点评贯穿法是将教练技术和培训技术结合的一种现场教学技术。教学者可以应用多样化、灵活的点评策略，吸引学习者的注意力，针对不同人群进行差异化教学。总的来说，点评可分为三个层次、八种技术（见图 4-1），在应用时可以结合现场情况，多种方式叠加使用。

图 4-1　多层次点评贯穿现场教学

Level 1：点评基本功

这一层级包括三种点评技术，它们是基本功，是教学者最容易掌握的几种技术，可以高频率使用在各种教学情景中。其应用效果的好坏关键在于点评时捕捉到的细节多少，以及逻辑表达清晰与否。

（1）建议与反馈

建议与反馈是教学者最常使用的点评方式，即直接对亮点及需要提升的部分进行反馈，有时也针对不足部分提供一些具体的行动建议。

◁使用小秘籍▷

1. 亮点比需要提升的部分多一点，且都不超过三点。教学注重的是效果，说得多不代表学习者都能记住并付诸行动。

2. 最重要的放在第一点，以此类推。学习者在听讲时，刚开始注意力是最集中的。

3. 客观描述现象，再提供自身观点及建议。

示例 "高效商务演讲" 训练后的点评【建议与反馈】

×××的五分钟模拟述职汇报已经结束，其中值得大家借鉴的亮点非常多，最令我们印象深刻的是：

第一，观点清晰，应用数据和信息支持自己的观点，尤其是汇报业绩和客户发展计划的亮点时特别突出。

第二，善于思考、反思工作中出现的问题和困难，并提出了有效的解决方案，期待领导反馈决策。不只是提出问题，而是展示了对问题的思考和分析，这非常有价值。

第三，汇报的状态非常自信和稳定，展示出积极交流的意愿，总是和听众保持着眼神的交流。

同时，如果以下两个方面能做出调整，本次述职汇报效果会更佳。以下建议供参考：

第一，述职汇报的设计可根据汇报目标和听众需求进行优化。五分钟的述职汇报，自身工作亮点用了四分钟，仅用一分钟提出一个问题和反思，并对过往工作进行复盘，缺乏下一阶段的行动计划。听众或许希望反思和优化行动的部分多一些。建议将内容比重进行优化：亮点两分钟，问题及反思两分钟，下一步重点行动计划一分钟。

第二，要积极应对提问。在述职汇报中，模拟领导的伙伴打断了述职，提出一个问题，述职者愣住了几秒钟，回应说汇报结束后再回答。这种方式在普通商务演讲中可以尝试，但进行述职汇报时，要事先准备好答疑，并积极回应。建议即时回答，因为述职是更正式的职场沟通，并非单向交流，沟通讨论才是目标。并且上级打断提出问题，更希望得到即时回应。

以上反馈仅供参考，总的来看，这是一次准备充分、展示出职业化水平的述职汇报，非常出色！

（2）互动式点评

互动式点评侧重点评活动的设计，目的是让学习者参与点评，活跃气氛，增加不同视角的碰撞。为了保证点评的质量，可以事先宣布点评的规则，并增加趣味性。

◁使用小秘籍▷

1. 事先公布点评规则。例如：每组派一位代表在场上模拟练习，结束后进行点评，点评聚焦在两位伙伴的优势和需要进步的建议上。每位嘉宾点评两分钟，不重复已发言嘉宾的观点。

2. 为了增加点评的趣味性，可以事先对点评者的身份进行与课程内容有关的设计。例如：每组派一位最优秀的伙伴，担任"老师"（或"流程专家""高级领导者"等），进行点评反馈。

3. 可以在训练或发布观点后，邀请学习者参与点评，以鼓励发言为主。也可以每人发一张便利贴，各自写下欣赏的观点和给出的建议，贴在发布作品或发言的小组的桌子上。

示例

某案例研讨的点评【互动式点评】

案例研讨观点发布前，约定点评活动流程：

请所有伙伴认真倾听发言小组的案例研讨观点，在发言后两分钟快速进行组内交流，并选派一位"方案专家"代表本组表扬一个价值点，同时提出一个改善建议。每组"方案专家"发言限时三分钟，请不重复已经发言专家的观点。

案例研讨观点发布后，现场点评邀请：

请每位伙伴拿出一张便利贴，选出自己最喜欢的一个案例，并列明你最欣赏的原因是什么。之后贴在欣赏案例小组的桌上。书写时间两分钟。请选择非本小组的案例进行点评。

（3）总结提炼

总结提炼可以叠加在多人发言或多人点评之后，目的是帮助学习者聚焦重要信息。在发言信息量太大、太散、碎片化，或学员之间互相点评质量不佳时，教学者可以现场进行总结提炼。最后提炼适合控制在三个要点，建议选择最重要的信息进行提炼。

◁使用小秘籍▷

1. 总结提炼 2～3 个要点，可以先提炼关键词，再发表观点。

2. 提炼时可以呼应或感谢之前发言者的贡献。

3. 可以即时总结提炼，也可以在大研讨结束时提炼。最重要的是聚焦信息，也可以补充教学者自身的观点。

Level 2：升华点评技巧

这一层级也包括三种点评技术，它们属于升级学习效果的技术，需要教学者有意识训练和应用。

（1）观察并回放

教学者负责记录现场情况，做画面的捕捉者，回放和学习点有关的内容。注意，回放时不是只展示零散的信息，而是有特定的逻辑结构。这是我自己最喜欢的反馈方式，可以和其他点评技术结合，用在各种点评情景之下。它展示出教学者的观察能力和客观性，并能帮助教学者养成基于可观察的事实提出建议和反馈的习惯。

◁ 使用小秘籍 ▷

1. 多维度观察，快速准确地记录，是做好观察回放的基础。

2. 记录"时间线"和"人物线"的互动细节，可以获得不同观察视角。

3. 全面观察和快速记录的能力需要一段时间训练，教学者要有意识地培养和多练习。

示例 "经理人的高效对话——教练下属"现场练习后的点评【观察并回放】

××扮演的领导陈经理和××扮演的下属张斌进行了现场8分钟的对话。大家都观察到对话中的流程和两位交流的情况。那么，我将自己的观察和大家做分享，一起思考如何辅导/教练下属更有效。

陈经理在8分钟的辅导中提出两个问题，分别是3分42秒提出的"工作中的困难你是怎么想的"，以及在6分20秒提出的"下一步的资源如何部署"。这是两个很棒的问题，可以启发下属认真思考。但是，陈经理并没有给下属思考和回答的机会，而是直接提出了自己的要求。

同时，下属张斌在8分钟的交流中说话不多，仅仅回应了陈经理三次，寥寥数语，有两次还被抢话了。总共的表达时间不足1分钟。

那么，在上司和下属的交流中，上司是否充分了解了下属的想法和观点？大家对陈经理在辅导中提问启发下属思考的做法有怎样的反馈？

（2）换位表达

换位表达的最佳效果是启发学习者站在不同利益人的角度思考问题，因此点评表达时可以结合"三位置讲授切换"（详见本书第 7 章），站在学员的不同利益人角度表达观点、感受和可能做出的行动。这种点评方式起到了非常好的突破学习者盲区和自身视角的效果，通常在技能类学习或学习者有明确的沟通对象的学习课程中效果突出。

◁使用小秘籍▷

1. 直接给点评反馈时，效果不一定最佳。教练的目的是启发学习者思考，拓展不同视角思考问题。因此可以使用提问，引发学习者思考他人视角的感受、想法、面临的困难和挑战等。

2. 这种点评方式的表达技巧是，老师们在描述他人视角的想法时，可以直接使用第一人称，这样更容易带领学习者进入他人视角。

3. 越是明确沟通对象有不同立场、不同观点时，换位表达的点评效果越是突出。

示例

"经理人的高效对话——教练下属"现场练习后的点评【换位表达】

××扮演的领导陈经理和××扮演的下属张斌进行了现场 8 分钟的对话。大家都观察到对话中的流程和两位交流的情况。那么请大家思考在这次交流中：

第一，张斌由于没有完成本季度的业绩，被领导叫到办公室单独谈话，他是带着怎样的心情和感受进入交流的？

如果是我被领导喊进办公室交流，我的心情会很忐忑，同时会有压力，担心领导批评我。

因此不难看出，领导在与带有主观压力和负面情绪的下属开始交流时，如果能够调整谈话氛围，并清晰谈话目标，将有利于辅导的效果。

第二，张斌在听到领导一开始谈话就批评自己的客户拜访工作不够细致，正想说些什么时，又被领导抢话了，他最后不说了，把脸朝向另一个方向。这时候他的想法有怎样的变化？如果他可以给这场谈话一些变化，你认为他最希望谈话变成怎样的形式？

如果我是下属，发现领导批评我时不客观，又不给机会让我说说情况，那就算了。反正说什么你都是按照你的想法来。那有什么好沟通的。如果让我真正和领导交流，我希望上司给我机会，让我表达我的困难和挑战及想法和思路。

因此在辅导谈话中，领导一味表达自身的观点并不一定是良好的交流。可以提问了解下属的想法，知己知彼才能发现问题的根源，找到辅导的关键。

……

（3）高质量赞美

点评不等于批评，也不是流程化的先说优点再说缺点。高质量赞美是聚焦在发现学习者的优势、特点、正面动机和积极的信念并给予正面肯定的，目的是激发学习者的个体能量，从而带动所有人的学习能量。区别于"建议与反馈"，高质量赞美只说优点，并且要延伸说明优点如何应用。高质量赞美是一种真诚的反馈，是一份老师给学员的礼物。

◁ 使用小秘籍 ▷

1. 可以结合"观察并回放"进行点评。赞赏学习者真正的亮点、特质和贡献的价值更需要有客观的观察和细节，让赞赏真实，而非流于形式的表扬。

2. 高质量的赞美能激发人心，不仅是赞许学习者的行为，而且是通过观察行为背后的信念、价值观，给予共鸣和欣赏。这将大大地激励学习者，同时让所有人的学习能量因为价值而提升，因为理解欣赏而提升。

3. 教学者在提出高质量赞美时，自身的表达状态特别重要。只有内心真正欣赏，做出的表达和反馈才能引发学员的共鸣。教学者人生的阅历、自身的修养、内心的格局、思想的进化，也会影响赞美的效果。

示例

"教练式培训师"课题答疑活动后的点评【高质量赞美】

通过刚刚六个问题的讨论和答疑，相信不少朋友都获得了不同视角的碰撞和收获，我也有新的学习领悟。我特别欣赏提出了两个高质量问题的 ×× 老师，他的提问和分享促使大家对今天的话题有了更深刻的理解。他作为一位中学校长，在本轮学习中不仅严谨认真，也特别投入。在我答疑分享观点时，我观察到他做了大量的笔记，并且一直在思考。古人言："敏而好学，不耻下问。"很多人说擅长思考、质疑是一种可贵的学习品质，×× 老师身上就有这样可贵的品质。连续三天的学习他每天都会有 2~3 个问题请教我或同学，并且积极分享自己的见解，为大家提供自己的学习笔记。×× 老师，谢谢您！您的学习品质让人钦佩。希望您继续贡献价值问题、价值分享，促使我们共同进步。

Level 3：拓展学习边界的点评技术

（1）结构化输入

现今学习的方式已经是多元素的组合，不再是传统的以讲授为主。无论是教育学习、企业培训还是线上线下的混合式学习，都会引入各种各样的教学技术和教学活动：研讨、引导、教练、行动学习、沙盘、游戏化学习、翻转课堂……这些学习形式的特点是活动多，学员之间的社交、碰撞和分享的频率大大高于传统的讲授。因此常常出现的风险和问题是：碎片信息多、凌乱。我曾经在一个行动学习技术为主的课程现场看到半天产出的信息写满了 26 张大白纸，学习者大多数使用手机进行拍照。而这些信息有些重复，有些不重要，有些甚至是错误的，但是大家没有进行总结和提炼。看似交流收获的信息是高密度的，实则凌乱不易于吸收。此时教学者又常常需要应用点评和引导来支持学习进展，因而使用"结构化输入"就非常有必要了，它可以帮助大家过滤信息，将碎片信息结构化。

结构化输入指的是教学者将学习现场共创的信息及时进行提炼总结，并输送到学习者端口。呈现的形式是：口头提炼总结、清晰的板书、PPT 或其他视觉化辅助工具。

◁ 使用小秘籍 ▷

1.及时总结提炼。时间长了，信息量大且零散，不利于快速结构化。

2.养成结构化输入式的板书习惯，通过现场的海报、大白纸和 PPT 展示。同时，对于内容进行高质量的筛选和提炼，并注重逻辑化表达。

　　3.结构化输入比较适合与多种学习互动活动搭配使用。

示例

"怎么准备述职汇报"研讨后的点评【结构化输入】

　　各小组（团队）分部发言分享了对如何准备述职汇报流程的想法，教学者进入结构化输入。

　　第一步：可以口头总结述职汇报的准备工作，同时书写视觉化板书，如图4-2所示。

> 1.弄清述职报告的目的，并分析听众。
>
> 2.通过头脑风暴拟定报告的内容和重点。
>
> 3.规划汇报时间的安排和汇报大纲。
>
> 4.基于汇报内容准备相关材料和数据。
>
> 5.制作汇报材料（PPT）。
>
> 6.进行汇报前彩排并优化。
>
> 7.准备上级可能问到的问题及答案。

图4-2　述职汇报的准备工作

　　第二步：将提炼内容的标题（注意和教学主题及内容相关）形成框架，并标明常常忽略的重点。

　　第三步：在教学休息的间隙，将手写海报或板书制作到PPT上，作为补充资料线上发送给学员，让大家从大量信息中获得一个可执行或应用的工具。

（2）升华学习

在真正做到"以学员为中心"的课堂上，教学者往往会发现：即使教学主题、内容一样，但是由于学习者不同，共创的学习课堂也会存在差异，不同学员群体的认知、思考的问题、感兴趣的内容都是不同的。企业培训还会因为不同行业、不同企业、不同的经验背景等而存在差异。教学者不能忽略学习差异化，而以同样的教学计划进行授课。而"升华学习"点评正是为现场教学的差异化服务的。

升华学习强调的是通过点评输入理性的知识（不仅是理论知识，还包括流程、布置、相关模型和思考等），这些知识不是事先准备的教学内容，不是PPT或学习资料上已经有的，更多的是教学者基于现场学习的实际情况进行分析判断，而即时延伸的学习内容：更宽广的知识理论，更深、更高的技巧工作方法论，以及前沿实践的案例……

针对中高层领导者或经验丰富、教育水平较高、学习能力强的学习者，可以通过架高学习点（升级学习难度）进行点评，也可以和学习者的群体价值观结合，驱动其学习后的应用和实践动力。需要注意的是，架高的学习点最终可以引导到学员应用层面。教学者需要准备超出课程设计的更有难度、宽度的学习内容，并对教学领域有着更深入的研究，这也是一个挑战。

◁ 使用小秘籍 ▷

1. 教学者对自身主攻的教学领域和课题要有横向与纵向的研究，并非只是传播信息和知识本身。否则在课程中也很难支持更有能力的学习者创造更大的学习收获。

2. 升华学习的基础一方面来自教学者对现场的观摩和判

断，另一方面来自对教学领域专业、经验的累积。教学者平时要做好课程的及时复盘，并获得经验型学习者的反馈和建议。

3. 不是输入更多理论、工具、模型就是更好、更有价值的学习，而是要基于现场情况输入合适并能启发学习者更多思考的内容。

示例

"领导者的创新力"研讨活动结束时进行点评【升华学习】

第三组的研讨发言提到：创新力的落地实践到底是什么？其实决策前的思考分析及灵活应对市场变化都是创新力的主要元素。这让我想到了中国有名的互联网企业"滴滴出行"的创始人程维最开始是如何进行创业决策的。他的经历和模式很好地展示了思考分析和灵活应对市场的优势。

2012 年 5 月，网约车呼之欲出，程维和创业伙伴对中国互联网市场进行分析。当时市场出现的情况是：一、打车难（仅上海月均出租车需求 300 万单）；二、英国打车应用 Hailo 成功发展；三、移动互联网红利（手机定位距离的功能越来越准确），同时北京已经出现互联网平台约车的公司"易道用车"，易道用车的模式主要是专车提前预约。

滴滴出行经历了二十几场和不同竞争对手的比拼，成为市场的领先者。合并 Uber 后，滴滴出行成为网约车领军企业，占据 93.1% 的市场份额，拥有 3 亿注册用户、1500 万注册司机和车主，服务涵盖出租车、专车、快车、顺风车、代驾等多个垂直领域，每日完成的订单量突破 1600 万。据公开信息显示，滴滴出行成立 5 年来融资 17 轮，融资总额达 200 亿美元，市场估值达到 560

亿美元。

因此不难看出,领导者的创新力并不是盲目尝试新事物,而是对要进入的领域进行冷静的分析和思考,同时正视激烈的竞争。这要求领导者升级自身认知、视野,走出不同的道路。

综合应用多种点评技术

上述八种点评技术背后都有小小的技巧点,所以你要常常练一练,试一试。多种点评技术贯穿学习是教学者以学习者为中心,根据现场情形,展开"现场教学"的反馈方式。对点评技术的掌握及应用熟练程度的提升,很符合"刻意练习"提倡的训练方式。如何快速掌握点评技术并创造更多层次的组合呢?需要大量练习,才能更深刻地理解和体会现场教学的独特魅力。

基于现场教学的多层次点评,像是教学者为不同的学习人群即兴哼唱的歌曲,因为差异化、以学习者为中心而显得珍贵和独特。被点评的个人或小组(团队)也将因为被观察到、关注到,被提供个性化的建议而产生特别的学习记忆。这是学习体验中难得的美好时光,让学习的价值和创造性产生了不同层次,值得所有教学者进行训练和应用。

第 5 章

让故事深入人心：
穿越学习难点

在学习过程中常常听到有趣的故事或匹配的案例，学员会因此印象深刻。我们在学习中不一定能扎扎实实掌握所有知识信息、技术工具，但是常常会因为一个故事而发生观念的改变，促使新行为发生。

一、"好老师"就是"故事大师"

讲故事是一种高级的沟通方式。故事可以触碰心灵最深处，可以对观念产生影响，可以给思想打上烙印。故事服务于沟通目标和教学目的。故事本身具有巨大的影响力，一个有影响力的故事不仅仅是描述情节或细节，更重要的是在人们心里构建画面、情感，构建一个关于实现更大潜能的愿景，激发人们的内在动力，引发人们自我觉察并行动。

在教学中，有意识地成为有影响力的故事讲述者，通过故事、案例传递更精彩的内在觉察，触发富有价值的转变，是每一位教学者可以努力的方向。无论你认为自己是否已经准备充分，都可以开启"讲故事"的神奇教学之旅，真正要准备的不是技巧、工具，不是积累好的一串又一串故事，而是和人们分享故事的动力和愿景。

故事在课堂上的影响力

2015年暑假，我在沈阳讲授一场连续四天的公益教练课程。课程的学员是三百多位辽宁省高校和中学的校长、班主任、教师等教育工作者。公益学习的目的是让教师们学习先进的教练技巧和工具，并且有机会用在自身和教育工作上。

第二天下午的答疑环节，一位高中班主任举手提问。她说话又快又急："黄老师，我特别爱自己的学生，很希望他们能把握最重要的高中三年，好好学习，未来有真正的前途。可是就有一些'熊孩子'，不听话、调皮！我实在受不了的时候，就会用手狠狠地掐他一下，想让他能清醒一点。可是事后我又非常懊恼，而且效果好像也不好，您说说怎么教育那些'熊孩子'呢？"

其实当这位老师说到"狠狠地掐学生一下"时，我瞬间心头一紧：这样对孩子好吗？就在我思考如何回应这个问题时，又有一位教师站起来说："我们有同样的问题！黄老师，您不了解我们教育学生的苦心，我们真是为学生好。他们这时候处于关键时刻，这么叛逆，如果不收拾他们，会带坏班级的风气……"不少教师听到这些话，频频点头。似乎大家在悄悄支持"收拾"孩子这件事，认为这是不得已而为之的无奈之举。

我想了想，调整了思路，分享了一段特别的经历："我虽然不是中学老师，但同大家的相处使我能体会和理解教育工作面临的挑战与不易。我和大家有相同的经历，就是常常在教学中遇到一些'熊孩子'，我不能'狠狠地掐他一下'，也不能'收拾他'，因为他们都是成年人。但是和这些特别的'熊孩子'相处，我学会了很多……"

接着我讲了"倒水哥"的故事。现在回想起那次课程才能深刻体会，"倒水哥"并不是我以为的"熊孩子"，通过和他的互动，我遇到了"最好的老师"，我们在"教"与"学"的互动中，找到了更多可能。

当我讲完了自己的经历，场下先是一片安静，过了一会儿后，有教师开始鼓掌，接着越来越多的教师不停地鼓掌。当掌声停下来时，我好奇地提出："亲爱的老师们，听了我的'熊孩子'的故事，那么您的'熊孩子'怎么办呢？"话音刚落，就有好几位老师举手，他们分享了很多曾经和"熊孩子"共创美好时光的经历。大家发现有很多好方法可以分享。不少教师通过这个议题获得了有价值的思考和宝贵的经验。

或许在教学过程中，故事并不能直接教给学员具体的方法，但是它悄悄引发了学员们将关注点转到自己身上，发展出更多可能性；它让大家开始重新思考和定义问题，通过观念转化，拓展了未来的行动。

讲故事是一种强有力的教学方法。一些生硬、笨重的"大道理"往往只是教学者心中的价值观和教条，并没有真正启发学习者的内心思考。而听故事，进入故事描绘的情景、场景，可以让人们放松潜意识中的防御和对抗，在故事中找寻自己的收获，品味自己的思考。这时，不需要有正确答案，只需要通过故事和案例，就能让思考的灵活度大大增加。在"教"与"学"的互动中，无论是教师、顾问、讲师、领导者、教练还是父母，都可以尝试通过故事来展示自己的想法，促使教学和沟通更加有效。

二、教学中，哪些故事更适合

不少朋友都希望成为擅长讲故事的老师。那么教学中有哪些故事适合讲，能够既打动人心，又创造更大的学习效果？以下选择标准值得借鉴。

真实

多使用讲述者自身真实的经历。这往往是最有影响力的故事，也将大大降低讲述的难度。当人们尝试讲述自己的经历和体验时，大多数是从记忆中调取信息的，这种调取的速度非常快，会让人们有瞬间身临其境的感觉。在这样的感知下讲故事，就很容易带动学习者进入故事，获得思考和收获。

如果是企业培训或行业分享，最好使用贴近企业，贴合学员身份、职责或主要工作场景的故事。越是接地气的故事，越容易引人进入情景思考。

简短

教学中分享短小的故事更合适。冗长和烦琐的故事容易让人们掉进长长的故事中，从而忽略了学习的本质。线下教室学习的故事可以在 5~10 分钟，线上直播和视频的故事最好控制在 3 分钟以内。

故事需要更加精练。可以大幅度删除那些不必要的前提铺垫和人物互动，只聚焦在重点的情节和冲突互动上。讲故事时如果辅助一些简单的道具，例如图片、特别的音乐、实物道具等，也是非常能吸引学员的设计。

围绕学习目的

有些人在讲故事时，会不小心陶醉在故事的情节中，把重点放在故事的讲述上，而忽略了讲故事只是教学的一种辅助手段，最重要的目的是帮学习者理解生涩定义、抽象概念，产生有价值的反思，等等。不是为了讲故事而讲故事，不是为了幽默、娱乐、放松而讲故事，所有的故事都是围绕学习目的进行分享的。

富有观点

在教学中设计故事或案例和在生活中即兴分享经历有什么本质不同呢？其实在于对事件或经历的解读及观点的输出。在教学中，需要对故事进行设计和改造。其中最重要的环节就是选择恰当的故事观点，并用适合的方式输出，使之促进教学目标的达成。

三、哪些学习时刻适合讲个故事

什么时候适合用故事教学？可以在以下六个教学场景中应用故事。

课程开场

课程开场时刻是吸引学习注意力的最佳时刻，简短有趣的故事或案例最容易将学员和学习内容联结在一起，并激发学员的学习兴趣。

点评或答疑

教学中的答疑非常挑战讲师的智慧和经验。可以直接告诉学员建议和方法，还可以通过故事让学员获得更多思考。故事能更柔和圆融地传递智慧和方法。

输出学习点

学习点多为生涩的内容，往往最难理解。这时，打比方、举例子，或者使用适合的案例或故事—— 特别人物的成功经历、警示事件、典型的情境故事，都可以帮助学员对学习点有更全面的理解。

解决问题

人们在思考和定义问题及解决方案时，容易陷入事件和信息中，找不到有效的解决方案。通过故事回溯成功或失败的经验，可以帮助人们找到解决问题的盲区和新观点。

辅导或教练

辅导或教练常常容易陷入"说教模式"，尤其父母、领导、老师，都是最容易启动讲道理模式的。将想法融进故事里吧，学习者拿到的或许是比教学者拥有的更大的珍珠。

课程总结

学习结束的时刻也是学以致用的关键点，一般是展示未来愿景，激发学员带着学习成果迈向行动。这时，一个好故事将有"画龙点睛"的效果。

此外，如果是经常讲授的课程，可以在典型的学习时刻，精细化打磨匹配学习内容的故事和案例。如果更加偏向案例分享，可以附上相关的图片和道具，增加代入感。

四、设计课程故事的 4P 方法

在企业最热门的培训主题中，领导力课程是讲师们最喜欢分享故事的时刻。

> 为什么会讲故事对领导者如此重要？因为故事是一个强大的工具，领导者通过讲故事可以告诉人们，什么是重要的，什么是不重要的，什么是有效的，什么是无效的，从而引领大家统一思想，齐心协力，努力工作。
>
> ——詹姆斯·M.库泽斯 《领导力：如何在组织中成就卓越》

我在讲授相关课题时发现，影响团队凝聚力最关键的因素是领导者的观念和想法。而团队领导者经常没有觉察，会把问题归责于属下和公司制度、文化等。当我想在课程中讲解团队凝聚力的根源来自领导者对"团队"的理解和定义时，常常会分享下面这个真实的故事。

从"我"到"我们"

现在的工作几乎都离不开团队沟通交流，我们也在不断的冲突和挑战中学习与他人合作，从而更加成熟，不断拓展，从"我"到"我们"。

六年前，作为资深管理者的我接手管理一个团队，团队中有八位顾问。他们已经连续三年没有完成年度目标了，这大大影响了大家对新一年工作的信心。年初工作计划会议上，我邀请每位同事都表达一下自己的想法，他们有的抱怨，有的不吭声，有的发表不切实际的观点。同时，我观察到大家发表的观点并没有基于任何数据分析，也没有逻辑，更没有站在团队的视角思考，很多时候是东一句西一句。看到这样的状况，我很是头疼，心想，现在真的需要一场大胜利，才能重建团队伙伴的信心！

就在我雄心勃勃、准备带着大家大干一场的时候，第一个月就收到了四位同事的离职申请和一位同事的调岗申请。尽管经过多番沟通，但他们并没有留下来。很快，我的团队只剩下三位员工了。还有比这更糟糕的吗？有的。在接管团队的第二个月，我们丢了一个非常重要的项目，它占我们部门全年业绩的50%。就在同一时间，工作经验丰富的项目经理小于也向我提出了辞职。那一刻，我非常清楚：如果他也离开，团队就只剩下两位工作不到一年的新员工，这将非常艰难……

我和小于一起出差，我们约好晚上交流离职的事。或许是因为在谈话之前，我已经没有任何信心可以挽留他，心态反而变得轻松和随意了。"朋友，为什么要离开？给个理由吧。"我笑眯眯地说。对于这样的开场，小于有点意外，他很快调整情绪，讲了一堆冠冕堂皇的理由。我直接打断他："来点儿真话吧，反正都要走了啊！"他愣了一下，也变得放松了："没有信心，没有希望，没有兴趣了！"我忍不住笑了："你们的团队三年完不成业绩，你们自己弄没了希望和信心，然后都一拍屁股走了？辞职多容易啊！却没有人有勇气留下来，拿回客户，拿回项目，拿回信心和希望。你们每个人都只考虑自己，谁考虑团队了？"我说着说着，愤怒的情绪涌上心头，不吐不快，一股脑儿把话都丢给小于。他听着听着，低头沉默了一会儿，突然抬头："我就一个问题，我辞职了，你后面的计划是什么？"我毫不犹豫，清晰而坚定地说："继续往前走啊，我要拿回信心和希望！"小于思考了一会儿，"腾"地站了起来，一边往门外走，一边清晰地说道："我不辞职了！我们一起拿回信心和希望！也请你记住：从现在开始是'我们'，而不是'你们'了。"

那一刻，我的眼前如电影倒带，画面从我接手管理这个部门开始，一直到此刻……一个发现涌上心头：原来我一直思考的都是"我"，而忽略了"我们"；我一直在用检视和审核的视角去看待团队的"你们"！如果一开始，就从"我们"出发，或许团队会有很多新的机会。我的大脑不停地回想，不停地反思……

年底，我们团队迎来了奇迹：由于我和小于共同坚持，带领着不断增加的新成员一路奔跑，不仅完成了既定的业绩目标，还赢得了公司最佳团队的荣誉。在这段艰难挑战的时光里，小于确实没有再说辞职，而我，也学会了"我们"！

在课程中，我是如何打磨一个匹配学习点的故事的呢？其实背后的原理是一个故事设计的结构——4P 选择和塑造故事（见图 5-1）。

图 5-1　4P 选择和塑造故事

P1：选事件（pick event）

基于教学中的关键学习点选择适合的事件。故事的内容是至关重要的考虑因素，但故事中发生的事情往往没有你从故事中所学到的重要。你可以在个人故事中找到职业经验，也可以在商业故事中找到赖以生存的原则和信念。而教学中的故事，要服务于关键的学习点。

案例解析

从"我"到"我们"

讲述领导力相关课题时，我想表达的学习点是：团队凝聚力的根源来自领导者对"团队"的理解和定义。因此，我选择了自己管理工作中的一个经历。这段经历让我意识到：凝聚团队首先源于我对"团队"在内心的认可，以及真正与之融为一体的感知。

P2：定观点（present point）

　　确定要表达的观点（行为层面或价值层面）。虽然讲故事时，我们心里可能有了目的，但是一旦开始讲述，学员就将进入故事找寻价值，因此故事就不仅仅属于讲故事的人了。需要将观点变得更加贴近学员的视角，让学员在故事中找到自己的价值和收获。

案例解析

从"我"到"我们"

　　这个故事确定表达的观点是价值观层面的，而非行为，即领导者团队管理的观念和想法影响行为。但是观点输出的范畴稍稍大一些：从"我"到"我们"，让学员有机会从观点中找到自己的思考。

P3：裁情节（prune plot）

　　聚焦重点，删去多余。人们在构建故事时往往使用时间线，从事件的起因开始讲述，这将使故事变得啰唆，节奏变慢，听众很快就会失去注意力。站在听众视角讲述故事，只需要聚焦最重要的时刻，并且省略与沟通目的、故事主观点无关的情节。听众无须知道这些背景信息，也能通过故事获得启发。我们需要的是一个精彩的故事，而不是一个完整的事件。

案例解析

从"我"到"我们"

　　如果从经历来看，有很多情节是体验深刻、情感充沛的，比如对每位老员工的离开，如何挽留而无效；我与小于如何奋斗，进而逆转了团队的业绩；等等。但是从故事要表达的核心观点来看，这些情节不是最重要的，可以大刀阔斧地删除。而那场和小于的对话，是促使我观念转变的关键时刻，可以聚焦并放大内心活动，放慢转化时刻。

P4：绘故事（picture story）

适度生动化演绎。讲述故事一旦拥有了学员视角，就会开始调动学员的各种感官，构建他们世界里对这个故事的体验。人们的记忆和触动都与感官体验的强烈程度有关。当人们在脑海里重温故事的景象时，就将再次接收到这些神奇的信号。课程中的演绎可以基于讲师自身风格和学员特质进行变化与调整。切忌过度夸张，把故事搞成情景剧，或陈述过于呆板，像是背诵一个无关的内容。

案例解析

从"我"到"我们"

这个故事在现场演绎时，需要适度生动化演绎的部分，我常常放在对话的互动中，以及小于离开之后带给我的反思时刻。其中：

• 对话互动：重点演绎我的心理变化和小于的动作语言。

• 反思时刻：放慢语速，慢慢将观念转变呈现，以便让学员跟上这个节奏，让更多启发和思考在学员的视角里发生。

一个高价值的课程故事，除了设计，还需要在课程中反复打磨，不断优化，用讲师自己的语言和风格进行阐述。不同的学习氛围，故事展开的节奏也有所不同。

故事结束不代表教学告一段落，而要在故事讲述后，激发学习者的思考。这时，教练式的提问或小组研讨的配置就非常适合。

示例 ・教练式提问：这个故事在凝聚团队方面，带给您最有价值的思考是什么？对您自己现在的团队管理有怎样的启发？

・小组研讨：通过对故事的思考，领导者在凝聚团队方面最重要的行动是什么？

讲师还可以基于学员的学习状态和思考，深入地进行点评、讲解分析。这样，故事在课程中的应用就比较完整了。

────────┤ 练 习 ├────────

请你也应用 4P 选择和塑造故事的方法，试着设计课程中的故事。

P1：选事件

1. 确定课程的关键学习点。

----

2. 简单描述 2 ~ 3 个适合的经历，并从中选择更匹配的。

P2：定观点

3. 写下故事的观点，尝试不同的写法，并在口头表达后加以优化修改。要符合自己的语言习惯。

P3：裁情节

4. 什么是重要情节和细节？请思考如何详细展示。

------

5. 哪些是多余的、学员不感兴趣的情节？请删除多余的。

P4：绘故事

6. 哪个环节适合生动化演绎？请列明，并试着在讲述练习中不断优化。

------

7. 设计 2～3 个激发学员思考的提问，在实践中不断调整。

五、怎样让故事打动人心

　　课程中的每一个好故事都是设计出来的。那么设计的关键是什么？怎样的故事才能扣人心弦，而不是平铺直叙呢？不少老师也在课程中应用故事案例，但往往收效甚微，原因不仅仅在于故事内容本身，还包括故事的呈现和表达。

艾米·卡蒂①的故事

　　我在十九岁的时候，发生了一场很严重的车祸，我整个人飞出车外，滚了好几个滚儿，我是弹出车外的，头部受了重伤。我从大学里休学，医生告诉我，我的智商下降了两个标准差，情况非常非常糟糕。

　　我知道我的智商应该是多少，因为我以前被人家认为是很聪明的孩子，小时候大家都觉得我很有才华。当我休学后，我试着回去，他们都告诉我："你没有办法毕业的。你还可以做其他很多事啊，别往死胡同里钻了。"我死命挣扎。我必须承认，当你的认同感被剥夺的时候，那个主要的身份认同，就我而言是我的智力被夺走了，再没有比这个更无助的时候了。我拼命地、疯狂地努力，幸运眷顾，努力，幸运眷顾，再努力。最终，我从学校毕业了，我比同届学生多花了四年的时间。

---

　　① 艾米·卡蒂，哈佛大学商学院副教授，社会心理学家，著有《高能量姿势》。本文来自她在 TED 演讲中的开场故事文字版。这位演讲嘉宾的故事主要支持的学习内容是：高能量姿势将给人们带来积极意义。

在普林斯顿大学第一年演讲前的那个晚上，我非常害怕，我当时觉得，我不应该在这里，我是个骗子，所以我打给我的恩师说："我不干了。"她说："你不可以不干，因为我赌在你身上了，你得留下。"你会留下，你必须这么做。你要骗过所有人。被要求的每场演讲你都得照办，你得一直讲，即使你怕死了，脚瘫了，灵魂出窍了，直到你发现你在说："哦，我的天哪，我正在做这件事情，我已经成为它的一部分了，我正在做它。"

这就是我做的。我后来去了哈佛大学，在哈佛我没有再考虑它，但有很长一段时间，我都在想这件事："不应该在这里。"

在哈佛第一年的授课结束后，我对整个学期在课堂上都没有说话的一个学生说："你得参与融入，否则你不会过这一科的，来我办公室吧！"其实我压根儿不认识她。她很挫败地进来了，说："我不应该在这里。"

就在此刻，两件事发生了。一是我突然明白，天哪，我再也没有这种感觉了。你知道吗？我再也不会有那种感觉了，但她有，我能体会到她的感受。二是她应该在这里，她可以假装，一直到成功为止。所以我跟她说："你当然应该，你应该在这里。明天起你就假装，你要让自己充满力量，你要知道——你将会走进教室，你会发表最棒的评论。"你知道吗？她真的发表了最成功的评论，大家都回过神来，好像在说：哦，我的天哪，我竟没有注意到她坐在那里。

几个月后，她来找我。我才明白，她不仅是假装到她成功为止，她已经融会贯通，整个人脱胎换骨。

我想对大家说，不要仅为了成功而假装，要把它融入你的骨子里。知道吗？持续地做到它化进你的骨髓里！

要素一：设计冲突增强故事张力

平淡无奇的故事，哪怕教学者尽力演绎，依然会缺乏吸引力，学员甚至会觉得老师太夸张了，"这有什么特别的！"同时，学习效果也会收效甚微。

强调有冲突的情节、放大矛盾时，故事张力迅速产生，很容易吸引学员注意力。当听众的情绪跟随故事讲述者的描述而变化时，这种身体体验会令人印象深刻。

案例解析 艾米·卡蒂的故事

这个故事里巧妙地设计了三个连续的冲突化情节，让人们的紧张感受总在起伏。

1. 车祸后智商下降，被人告知无法毕业 / 凭借努力毕业了。

2. 第一年演讲，没有信心接近绝望 / 恩师要求她骗过所有人。

3. 在哈佛教学时让一个落后的学生假装自信 / 忘记了自己曾经一直在假装。

要素二：带入情感引发学员共鸣

理性的朋友们在讲述故事时，不仅要有客观的数据和信息，还可以增加感受和情绪，尝试将理性思维和故事思维相结合。

讲故事不是简单复述事件的起因、经过和结果，好故事要带动学员的情感变化。要找到一个自己觉得十分有意义的故事并在讲述时融入真情实感，这样学员才更容易全心融入故事之中。真情实感是人们与生俱来的，只需要有意识地带动即可。因此真实故事就解决了讲述者不知道如何调整自己情绪状态的问题。

讲述自身经历，很容易进入情绪状态。艾米·卡蒂女士在描述车祸的情况时，声音开始颤抖，情绪发生变化了。

讲师在讲述其他故事时，也可以通过假设自己身临其境的方式，跟随情节进行情绪调节。切忌用平淡的语气描绘开心或激动的心情，用云淡风轻的态度讲述紧张压力的情节。

要素三：价值观点升华学习意义

一路成长而来，我们视为珍宝的人生准则大多数来自某些经历或某些印象深刻的故事。故事的影响力毋庸置疑可以成为好故事的核心标志。而所谓的好故事，落地在人们心里的是那些经典的语句、精彩的中心思想。

例如：

• 振奋人心的故事：英雄莫问出处。

• 亲子爱与守护的故事：父母是最好的老师。

• 管理理念的故事：没有带不好的兵，只有不会带兵的将军。

• 教与学的故事：三人行必有我师焉。

……

设计故事的中心思想不仅是一种技术，还是一门艺术。设计适合学员年纪和角色的内容，设计适合他们的"金句"，很容易将核心学习点通过故事和金句留在他们的记忆中。中心观点的提炼有几个特质：

① 金句特质：简短有力。

② 价值观特质：激发人心。

③ 匹配特质：连接故事和学习内容。

六、如何增强讲"好故事"的能力

随时积累，持续练习

从事教学的朋友，如果要迈上故事大师的修炼之旅，首先要丢掉"要讲一个完美故事"的帽子。这顶帽子会压得人们喘不过气来。要记住，经典故事最初都是不完美的玉石，有待我们打磨，将其与学习点相匹配，它才会发出温润的光芒，引领人们走上正确的方向。

其次要展开刻意训练，增强教学现场的故事感。你可以：

① 有意识地构建与自身教学内容相关的故事库。

② 不停地分享故事，并且多次分享同一个故事。优化、打磨，用讲述的方式来调整。

③ 准备经典故事和案例，也尝试即兴讲述小故事。

要想用生动的故事把学员带入你的故事情节中，你首先要做的就是放下成年人的"面子"，像孩童般地去演绎。想要收放自如，除了练习还是练习，刻意练习这一环节将是我今后授课中的重点之一。

——姜老师

好故事和案例是为了更好地服务于课程目标。通过讲故事，把学员带入跌宕起伏的情节中，又引申出知识点和升华内容。故事编辑、倾情演绎、收放自如、冲突制造、带入引申而不留痕迹，对讲师来说确实需要大量的练习。

——封老师

讲故事太有意思了，如果我们的学员听课程像听故事一样过瘾，那将是多么快乐的事情。讲故事是个技术活儿，要练联想、肢体动作、表情等。

——Katie 老师

讲故事对我来说挑战很大，也是我今天学习应用中突破最大的一个环节。我原来讲的案例太过于平淡，让学员没有代入感！在实际应用时，同时加入案例故事三元素——观点、冲突、情感，瞬间感觉产生了不一样的变化。

——雷老师

好故事、好案例需要构思，遵从 4P 流程，删除无关内容，放大焦点构建阶梯，确定故事走向，永远不要忘记目标。学会创作构思好故事、好案例，你就可以成为一个创意高手、出色的导演、名副其实的惊喜大师。

——Jessica 老师

巧讲案例故事是可以赋予学员能量并传递能量的，前提是讲授之前要有明确的讲授目标，并基于这样的目标选择最适合的场景和冲突。为了让学员进入案例故事，讲述必须有画面感，而且在描述画面时，讲师亦需要进入当时的情景中去感同身受。

——蔺老师

巧讲故事案例应用在课程中，不是一蹴而就的。对于不常在课程

中讲故事的伙伴，可以从打磨 1 ~ 2 个常用的经典故事入手。

有意识地观察和保留工作、生活中有趣的时刻，它们都能成为故事案例的素材。同时，因为是自己看到、听到和感受到的故事，在讲故事时更容易传递真情实感。

实践中的注意事项

① 故事是为学习目标服务的，不是为了讲故事而讲故事。让故事在课程中真正发挥效力，需要把握教学目标。

② 故事的演绎切勿夸张，要贴合课程当下的氛围和学员群体风格。教学者在练习时，可以保持演绎的灵活度，确保实践时自然而适合。

③ 如果有经典的案例和故事，可以匹配适合的道具和小设计。例如：讲解企业培训中，领导者的特殊礼物是一份贺卡，那么可以在课程中准备一些立体贺卡；在亲子关系课程中，讲解一条围巾背后的互相理解，可以带一条相似的围巾放在教室里。这些也能增强学习者的视觉化体验。

④ 同一个学习点可以讲述 1 ~ 2 个故事，同样的故事也可以应用在不同的学习点上。

⑤ 先讲述故事，还是先讲解学习点？两者皆可，教学者可以依据教学效果选择将故事前置或后置。前置故事能激发兴趣，结合研讨和思考再输出教学内容，创造好奇和豁然开朗的感知；讲述学习点后分享故事，学习者会有意识地在故事里找寻线索，证实学习点中的认知，可以增强记忆、激发思考。

第 6 章

让学习轻松有效：
应用教练式学习活动

学习体验似乎抽象感性，和情绪感受、身体反应密不可分，而创造体验的每个学习活动，底层设计是有结构、框架的。适合的学习活动将促使学习内容更加立体、生动，推动教学收到成效。

一、留意需要学习活动的信号

课堂上，有很多学习者学习能力下降或不佳的信号：

·教学沉闷，学员在大量信息中表现出不理解、走神，做与学习无关的事。

·教学活动参与度不高，无人回应问题，互动活动有缺席。

·学习碰撞缺乏，学员之间不交流，也不会主动与老师沟通。

·学习停留在表面流程，学员是在配合学习，但没有展示出兴趣和专注。

·在困难任务前，大家感到压力和沮丧，学习动力下降。

……

很多信号会在学习场域中出现，教学者能迅速感受到似乎只有自己在积极授课、积极活动，其他人都处于观察和游离状态，这是非常危险的状况。（在本章讨论学员群体学习能量的议题时，我们暂时抛开学习内容和学习者关联度不密切的可能性。）

在上一章谈到的观察学习能量的具体步骤中，教学者也能捕捉到更多需要调整教学方式的信号。

> 研究表明，有效授课的老师比一般老师少花 15% 的时间管理自己的教学内容，而多花 50% 的时间进行各种互动活动。
>
> ——E.S. 埃利斯、L.A. 沃辛顿

信号一方面来自教学者自身丰富的教学经验。很多有课程开发和改造经验的教学者，在拿到课程资料进行翻阅时，就会发现课程的亮点和风险。另一方面来自专业的设计准备经历。课程如果设计了大量知识教学、长时间讲授理论概念，通常会带给学习者枯燥、生涩的体验，使其不容易保持高度专注和能量充沛。课程如果知识点稀松、学习内容条理不清、核心学习思路混乱、逻辑不能自洽，或者感性体验很多，工具方法却不够严谨，学习到的内容没有迁移性、应用性，学员没有获得感，就会无法专注和投入，能量涣散。

科学的好课程设计是高学习能量和好教学成果的保障。在课程设计时要严格抓稳两条线：学习内容设计线、教学活动互动线。以学习内容设计线为主，教学活动互动线配合支持，这样的课程相对质量高。对于教学者而言，更可以轻松带动学习者进入高能量的专注学习状态，给其带来轻松快乐的体验。

二、应用教练式学习活动提升学习能量

将教练技术的经典形式进行解构，并迁移应用在培训学习里，能产生很多奇妙的融合效果。教练体系、关键的教练技巧 + 经典的教练

工具,能促使人们在探索目标时更加轻松有效,在达成目标的同时发展自我觉察,突破盲区,由内而外获得成长。

　　教练式学习活动是对传统教学的改造利器,能很好地支持教学者轻松应用。教学者无须对学习内容做太多变化,只需要结合新的活动(见图 6-1),就能让课堂氛围变得轻松有趣,直接带动学习能量的提升。

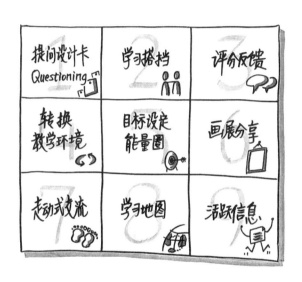

图 6-1　教练式学习活动

提问设计卡——强有力提问

　　提出强有力的问题(powerful questions)是我在教练工作中最喜欢的技巧之一。一个好问题带给人的启发大大高于告诉人们一堆道理。我在课堂上常常会植入强有力的问题,引导学员走向更深的自我觉察。

　　提问设计卡将强有力的问题和学习内容进行巧妙整合,激发高质量的思考，非常适合用于加深学员对重要学习点的理解。最经典的形式就是迁移了教练对话模式的问与答，即两人用简短的对话交流展开对学习内容的理解和思考。

示例

"CTT 高级教练式培训师"课程

　　课程学习点：怎样与学员创建亲和关系。

　　前期讲解与学员创建亲和关系的方法和工具，并分享相关的案例和故事，紧接着带入教练式学习活动。

　　教学形式：两人一组，通过提问设计卡进行交流对话。

　　一位伙伴以教练角色启发对方思考，依据如图 6-2 所示的资

建立亲和关系

你如何让自己拥有讲师视角，去观察学员状态（个体状态和群体状态）？

当你有了这样的讲师视角并付诸行动，你会有哪些新发现？

我们的 CTT 课程中，导师做了什么才支持学员保持高能量状态？

如果在你的课程上要支持学员高能量状态学习，你想做些什么？

在这个环节的学习中，你还有哪些新发现？

图 6-2　提问设计卡示例

料提出问题，另一位伙伴思考并分享自己的观点。交流完所有问题后，互换角色。

练习中，"教练"注意认真倾听他人，分享者注意提炼观点表达。同时，双方都可以关注搭档的哪些观点又激发了自己的新想法。

合适的练习时间是：每轮对话 4~5 分钟，共两轮 8~10 分钟。

提问设计卡需要教学者事先设计一些相关问题，方便学习者在课程现场基于资料作为主要问题进行直接发问。学习者个人还可以补充一些适合的问题。

如何在提问设计卡里植入强有力的问题？

（1）"最"的问题：让思考聚焦

示例：**"专业的商务汇报——如何准备汇报内容"课程：讲解知识点后，插入提问设计**

- 本次商务汇报最重要的目标是什么？
- 上级领导最关心的话题是什么？
- 大家听取汇报后，最想提出的问题会是什么？

（2）"如果"的问题：打破现实限制

示例：**"大客户销售——客户拜访前的准备"课程：讲解知识点后，插入提问设计**

- 如果从客户所在行业热点切入对话，应准备什么话题？

- 如果从客户个人兴趣的话题破冰，聊什么话题合适？
- 如果你是客户，会对项目的哪些方面感兴趣？

（3）"如何／怎样"的问题：尝试推进发展

示例 "被赋能的父母"课程：讲解知识点后，插入提问设计

- 孩子哭闹时，你怎样做可以让他平复情绪？
- 孩子遇到困难时，你会如何倾听孩子内心的想法？
- 在家里有不同的意见时，怎样让孩子感受到平等的交流？

（4）"度量式"的问题：清晰标准，引发进一步思考

示例 "专业的培训师培训"课程：讲解知识点后，插入提问设计

- 你对自己目前的授课满意度打几分（1～10分），最让自己满意的是哪些方面？
- 如果学员对你的授课满意度进行评估，将给出几分（1～10分），你特别喜欢发生变化的又是什么？
- 最近一场授课，你对学习成果达成情况的满意度是几分（1～10分），你特别希望改善的教学设计是什么？

提问设计卡可以是卡片形式，用于学员之间互相交流，也可以是单页纸形式，存放在学习资料里，可以形式多样、灵活，目的在于引发学习者思考，让教学内容和个人思考有所联结，更有效地将学习内容转化为应用。

学习搭档——即时分享

学习搭档制模式，让彼此搭档的两人在深入碰撞观点的同时互帮互助。这样的设计不影响原本的教学内容，只是在每天的学习以及课后任务上，从个人作战到搭档互动。它很适合学习旅程较长的课程，尤其适用于能力学习和训练课程，帮助学习者将学习的互动、学习的内容深化到更小的活动范畴。

示例

学习搭档制

1. 教学形式：自由组合，两人形成学习搭档。

① 预习和复习：在预习和总结时进行三分钟交流，并设定当日学习目标。

② 练习和反馈：在课程练习反馈结束后，将个人收获和学习搭档分享。

③ 作业和测试：和搭档一起完成作业，并互相测试学习情况。

2. 实践经验：

① 学习搭档制比较灵活，几乎可以植入任意课程，无须进行大幅度的课程架构修改。

② 风险：如果搭档彼此太熟悉或风格不一致，往往无法在学习旅程中愉快合作。

③ 学习搭档可以分阶段调换，这样会让更多人深入交流，产生联结，促进同学之间的互相支持。

学习搭档制最大的好处是让学习者在课程中快速、充分交流。当课程某一阶段的知识点和信息量特别大的时候，需要让大脑得以休息和缓冲，这时学习搭档现场的有效交流不仅能起到缓冲放松的作用，还可以通过思维碰撞，互相补充被大脑过滤或删减的有效信息。

如果教学现场的场地局促，不易调整座位，学习搭档交流是最轻松灵活的互动方式。让相邻座位的两人迅速结对，或前后排的人互相交流，都是可行的选择。

评分反馈——快速评估

评分反馈源自教练技术中强有力提问的"度量式"问题，形式是对某个话题的思考进行现场评估打分，最高分值为 10 分，最低分值为 1 分。评估方式通常有两种：

① 坐在位置上打分：教学者发问，学习者进行自我评估，可以通过书写或举手的方式进行反馈。

② 用身体站位打分：教学者发问，在指定的空间里标识出 1 分、5 分和 10 分的位置，请学习者思考打分后，站在相应的分值位置上。

使用评分反馈的好处是：学员一方面可以在评估的过程中有思考，另一方面可以体验移动以及视觉化站位的趣味性。

注意：重要的不是评分的准确度，而是基于评分带来的不同视角的思考。

示例 | **"销售团队的巧妙激励"课程**

1. 请思考你目前所管理的业务团队的销售士气是几分，并站在教室里度量分数的相应位置上。

2. 邀请 2~3 位伙伴，走出这条度量分数线，站在观察者视角（离评分线较远，且能看到全局的位置，通常也是教学者站的位置），观察整个团队在这个话题思考中的度量分数布局情况。

3.请你想三项可以马上在团队运行，不需要高成本、复杂流程，同时会带来好的激励效果的措施。

4.如果实行了这三项措施，你的团队士气的分数可能会有怎样的变化？请移动到可能达到的分数的位置（度量分数）上。

5.有的管理者分数变化很多，有的管理者分数没有变化，那么这些对你而言有哪些思考呢？刚刚的三项措施又有怎样的局限性或效力呢？我们一起来进行交流和讨论。

在课堂实操上，身体站位打分特别容易激发学员兴趣。大家也好奇整体分数情况，可以用各种方式展示结果，例如拍照、投放 PPT 或在微信群展示。教学者可以即时反馈或简单点评。随着大家在教室里走动，迅速引发好奇、提升学习兴趣，群体学习能量自然增加。

转换教学环境——制造新体验

转换教学环境几乎是最快打破僵局，让学习者进入更活跃、更灵活学习状态的好方法。无论讲授的内容是什么，教学者都可以设计转换教学环境。

有一部非常棒的印度教育影片《嗝嗝老师》，当中有一段美妙的情节：老师带着学生们离开教室，到操场的大树下学习。同学们在阳光下听老师讲解原本认为生涩难懂的物理，没想到学习的环境和形式一经转换，同学们的兴趣和积极性、专注度都比在教室高得多。而嗝嗝老师也就地取材，选用了大自然的真实素材讲解物理原理。大家的教与学都非常快乐。

这背后的教学原理就是转换教学环境，改变传统的教学环境和学习体验，让学习者的精神状态瞬间被激活，更容易投入到新的学习形式中。这一方法特别适合以下三种情形：

① 课程在下午 2 点至 3 点，人的身体进入疲惫和困倦时。

② 学习氛围一再压抑或僵化。

③ 之前的学习内容告一段落，即将开启新的学习内容，需要学习者调整学习状态。

教学者需要事先做如下准备：

第一，选择适合的环境和场所。最重要的是考虑新环境是否安全和舒适，能否带来怡人感知。教室外的自然环境，避开烈日、寒冷、大风等特殊天气即可；也可以在室内，如教室的后半部空地、走廊或咖啡台、舒适的休息区（见图 6–3、图 6–4、图 6–5）。

图 6-3　选择教室外舒适通风的空地

图6-4　选择教室外沙发休息区

图6-5　选择教室外的小花园

第二，选择适合的内容呈现方式。转换环境是希望学员自然放松，用自己喜欢的方式学习，不需要太正式，因此教学内容可以选用讲授、示范、简短练习等呈现方式。同时注意，通常转换环境单次时间在 30～40 分钟。

第三，转换环境学习之前，说明规则和方式。这非常重要，教学者需要在离开教室时说明：为什么转换环境学习，如何学习，大概学习时间多久，怎样召回大家，学习者需要带哪些学习资料，以怎样的方式投入。说明清晰后再转换环境，避免不必要的误解和组织协调的困难。

第四，如果在户外教学，教学者要关注到每位学员，即使他距离你很远，并且要提高授课音量，让每一位学习者都听得清晰。

大量课程实践经验证明：大多数学习者特别喜欢转换场地教学，他们在转换场地教学期间的投入度和专注度非常高。

目标设定能量圈——聚焦学习目标

（1）目标：学习从开始就赋予意义

在学习伊始就帮助学员厘清希望收获的成果，并设定明确的学习目标，这将强有力地支持学员挖掘内在动力，自主学习。对于企业内部培训项目，这样做更容易让学员的状态从"要我学"转化为"我要学"。有效实现的方式就是让学员"想清楚 + 说明白"。下面，教练式培训将为你揭开目标设定的魔力。

① 人的大脑是怎样学习的？

一直以来，人们都热衷于探索大脑的学习模式，来支持教学有效性的设计和研究，这也是近年来脑科学研究和探索的领域。之前的十年，教学领域比较流行的说法是三脑学习理论（主要源自 20 世纪 60 年代科学家保罗·麦克莱恩的大脑演化模型），核心假设是大脑由三个部分构成：爬行脑（负责控制大脑复杂的本能行为）、边缘系统（管理和控制情感系统）和大脑皮层（负责人类的高级认知功能，比如计划、感知和语言）。

视觉化学习、目标导向的学习，都能很好地驱动人们三位一体大脑的工作协同。因此三脑学习理论引领学习技术走向视觉化发展和潜意识发展。随着脑科学研究的不断发展，人们对大脑如何学习的认知不断进步和优化，使得教学技术不仅应用了视觉化的底层逻辑，也开始同步关注更多加入多重感官的学习效果。

② 网状激活系统的无限价值。

人们在教练技术的应用过程中发现，实现目标有一个关键，就是大脑的网状激活系统，它是脑干腹侧中心部分神经细胞和神经纤维混杂的结构。

网状激活系统是如何工作的？大脑每天接收海量信息，网状激活系统负责对所有信息进行处理过滤，并决定哪些信息需要优先处理。

当人们设定目标的时候，大脑开始思考并清晰化这些信息，意识里开始产生画面、声音、感受。网状激活系统像一个漏斗一样，自动筛选至少 126 个和目标相关的信息单元，支持人们把注意力有效投放在实现目标上。

课程学习目标不同于其他目标，不需要那么具体，只需要学习者聚焦在一个清晰的领域，并思考自己希望怎样获得学习成果。详细具体的学习行动计划可以放在课后应用实践上。

在课程学习的开始，培训师可以邀请学员们在了解学习旅程的具体设计之后，进行学习目标的设定，以确保激发学员们的网状激活系统。具体步骤如下：

第一，介绍设定学习目标的意义和价值。

第二，邀请学员们在了解学习旅程的设计后，思考 3 分钟，设定当天的学习目标。

发问：今天你的学习目标是什么？在今天学习结束时，你如何知道已经收获到了想要的成果？今天想要以怎样的学习状态投入课程学习中？

第三，请小组（6~8 人）围成圆圈，相邻两人之间距离一拳宽，大家轮流分享自己当日的学习目标和状态目标。每人限时 1 分钟。每位学员介绍完毕，邀请大家给予掌声鼓励。分享总时长控制在 8~10 分钟。

注意：学习目标要清晰精准，要 1~2 句话可以说清楚。

◁使用小秘籍▷

1. 设定目标时千万别坐着说，站着效果最好。

2. 控制时间，每人最多不超过 1 分钟。培训师做示范，同时提醒学员聚焦，并设定专门的成员管理时间。

3. 学习目标的设定不是讨论，每个人只需要轮流表达自己的想法，不需要点评他人的目标。

（2）成果：能量圈回顾和延伸

一天或一门课程的学习结束，我们常常会对学习进行有效回顾。但很多课程的学习回顾都聚焦在学习内容的回顾上，比如对知识、信息、技巧步骤或工具的回顾。这样的回顾更多的是服务浅层次的大脑记忆层面的，简单说，就是让学员记住。而学员自愿发展内在"学以致用"的通路并未完全打开。

一家权威的培训机构在 2016 年的企业学习大会上提出一组数据，提到课程中学习到的内容仅有 7% 的学员会应用在工作中。不难看出，对于大多数人而言，从学习转化到应用并不容易。学员记住某个学习内容，并不代表其有意愿、有能力尝试将学习内容应用在生活和工作中。

真的学习是什么？

在学习中很少有人能做到"空杯"心态。因为每个人在自己的生活、工作领域都有着或多或少的经验，并构成基于这些领域的深层次信念系统，即我认为怎样做这些事是对的。没有什么学习可以让人在短时间内完全删除这一信念系统，而完全接受并应用全新的工具或技能。所以，人们真正的学习模式是"融合"：将自己的过往的经验、知识和学习中那些被自己接受的部分进行整合，并在此基础上发展出新的行为模式。这也是真正的学习成长。

当教学者真正看到学习在学员们身上的内化过程时，他们就不会一味地再要求学员"空杯"，而会考虑在课程设计上如何让学员们更快地走向内在融合。每天课程结束时的回顾环节就是很好的促进融合的通道。

（3）成果回顾能量圈

① 教练式发问——启动"学以致用"。

Level 1：回顾学习内容——今天学习中最喜欢的内容是什么？原因是什么？

Level 2：连接实践应用——今天学习中最想（在工作中或生活中）试一试的学习内容是什么？

Level 3：启动行动计划——你第一步最想做的行动是什么？

② 多样化的回顾形式。

A. 回到目标设定圈，转化成"成果回顾圈"。

站位和课程开始时的目标设定圈一样，每位学员依据三个问题的设计发言，时间控制在每人一分钟。同时邀请学员倾听学习伙伴的发言，从不同的视角学习。听到学习伙伴的目标设定方式，一方面支持了学员从社交中获得启发和学习；另一方面在形式上也更加正式，可以让学员予以更多重视，在认真思考后回答。

B. 和学习搭档沟通式回顾。

当教学空间受限制时，和学习搭档互相沟通，进行学习内容和应用情景的回顾也是非常有意义的。一位搭档负责提出问题，另一位搭档依据问题展开当天的学习总结。

C. 书写在学习手册上。

书写是一种静态思考方式，如果学员投入度高并且专注，会有很好的独自思考价值。其不足之处在于学员个体有差异，有可能部分学员会简单书写，敷衍作罢。但书写在课程中仍是很灵活的补充方式。

画展分享——深化视觉感受

画展分享需要教学者事先准备，最需要用到的教学道具是视觉化学习内容。我个人常常通过"印刷海报"或"手绘海报"的方式呈现，即将课程核心内容做成视觉墙，如图 6–6、图 6–7 所示。

将学习内容视觉化是支持学员在学习期间对重点内容进行强化记忆的方法之一，也能让教学现场的气氛轻松起来。

画展分享最适合用在教学内容的回顾和复习上（见图 6–8）。具体做法是：

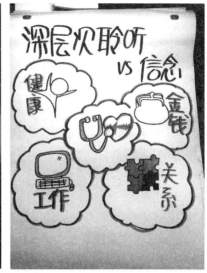

图 6-6　印刷海报　　　　　　　图 6-7　手绘海报

第一，事先将某一模块学习内容的要点布置成画展形式，张贴在教室里的不同位置，或教室外适合的走廊、空地上。建议将学习内容切割成 6~8 幅"作品"。

第二，布置回顾活动：以 2~3 人为一组，以看画展的方式在画展区域内自由走动，停留在不同作品前方，回顾重要学习点，彼此做补充和简短研讨。讨论结束后，行至下一幅作品前。

第三，在作品间走动无特定顺序，可选择不熟悉的学习内容进行回顾，也可以选择喜欢的内容深入讨论。注意避开人流高峰，在规定时间回到教室座位即可。

第四，画展分享的重点在轻松讨论、交流、回顾和彼此补充，不仅仅为了"看画"。要鼓励学员及时记录讨论的要点。

第五，建议用时在 12~15 分钟。可以放在课程单元结束的总结复习中，也可以放在所有课程结束的总结学习点环节。

图6-8　画展分享（图片来自"教练实践导师认证"课程）

画展分享也适合快速练习。当讲授技能和技巧类知识点，把流程和技巧拆分成不同步骤时，可以用视觉化工具呈现不同的技能练习点。用流动讨论的方式快速练习每张学习海报上的重点技巧。

走动式交流——调整状态

走动式交流大量应用在教练式学习活动中，一方面源于科学发现——坐久了有机会站立或走动，可以迅速提升大脑的供氧量，使人的精神更好；另一方面来自 NLP 教练技术的鼓励——不要一味用大脑逻辑思考问题，要同时积极启用身体感知探索目标。

走动式交流被称为"学习中的散步时刻"，常常应用于对生涩、复杂的知识点进行讨论的时刻。可以巧妙地结合学习搭档方法，也可以单独进行（见图 6–9、图 6–10 ）。

走动式交流的操作流程如下：

第一，介绍走动式交流的效用与流程。对走动式交流的范围和时间做出明确的说明和要求，并且让全员达成清晰的共识。

第二，邀请学习者找寻最喜欢的搭档，以 2 ~ 3 人为一组。大家带着笔记或学习手册，围绕讲师指定的学习内容或有争议性的观点进行交流和分享。每人都有充分表达的机会。建议总用时 8 ~ 10 分钟。

第三，在走动式交流结束后，进行学习内容的分享和点评反馈。

注意：走动式交流范围不宜太大，在 200 ~ 300 米之内往返即可。选择的空间要考虑到教学者可观察、安全和各小组互相不影响。有时场地受限，可以在教室内沿墙遛弯。走动时还可以播放舒缓的音乐，并开窗通风。

实践经验证明：学习者不太在意在哪些范围内走动，他们往往会投入交流和讨论，并且在规定的时间内返回。教学者可观察大家的反应和状态，从 1 ~ 2 天的课程时间长度来看，适合安排两次走动式交流，同时注意更换搭档，效果更佳。

图6-9　走动式交流示例一

（图片来自"教练型领导力训练"课程，地点为某企业大学培训中心）

图6-10　走动式交流示例二

（图片来自"教练型领导力训练"课程，地点为厦门海边酒店）

学习地图——明晰路径

学习地图可以帮助学习者了解学习旅程的路径，从而聚焦学习内容（见图6-11、图6-12）。

那么，一个完整的学习旅程是怎样开始的呢？很多时候培训课程拉开序幕时，讲师往往会向学员开始自我介绍和课程介绍。但不少讲

师的课程开场介绍常会陷入形式主义的怪圈，无论讲师介绍什么、如
何试图去吸引学员的注意力，其展示出来的大都是单方面的信息，并
不能让学员进入积极的学习体验中。教练式学习旅程的设计有几个策
略，学习地图能快速提升学员的投入度。

图 6-11　学习地图示例一（图片来自"教练实践导师认证"课程）

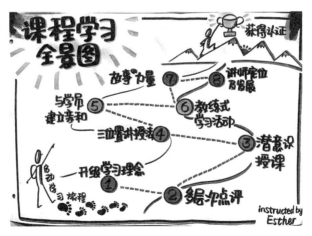

图 6-12　学习地图示例二（图片来自"CTT 高级教练式培训师"课程）

（1）策略一：意义导入式介绍学习地图

在介绍学习地图之前，可以围绕三个经典话题发问。针对性的提问往往可以激发学员对课程学习的兴趣及学习意义的思考。

① 兴趣：哪些话题是你感兴趣的？你想在课程中了解什么，收获什么？

② 挑战：哪些可能是你学习中的挑战点？你准备更多地投入什么？

③ 经验：哪些内容是你觉得富有经验或取得丰硕成果、有分享价值的？

（2）策略二：强化视觉记忆

为了强化视觉记忆，可将传统的 PPT 文字式的学习大纲转换为彩色手绘学习地图，便于课程期间随时挂墙，也便于学员自行浏览、拍照记录。

（3）策略三：明确说明学习重点及有趣的学习方法

形式化地介绍学习旅程往往很难引发学员深层次的好奇。如果站在学员的角度说明学习重点及学习的方法或路径，将更容易帮助学员集中注意力。

"三个一"在你的旅程介绍里会发挥小小的魔力：

① 一个重点。

② 一个难点。

③ 一个有趣好玩的环节。

活跃信息——有效输出知识

对于教授大量知识类、信息类课程的教学者而言，最大的挑战是一直"尬讲"内容，学习者也容易感觉枯燥、乏味，进而走神，注意力分散。"活跃信息"特别适合这类课程，学员对知识点的接收方式从被动输入变为主动获得，让信息和干货活跃起来。常用的方法有"翻转填空"和"观点分类 / 流程排序"。

（1）翻转填空

将大段教学内容事先进行拆解，转化成填空题。填空题一共 6 ~ 8 题，每题一个空格。答案以选项的形式展示。学习者只需要将答案对应的英文字母填进空格即可。

示例｜**如何搭建丰富的故事库**

阅读以下资料，来自《学习之旅》，建议用七种方法寻找故事：请找出相对应选项的英文字母填在每道题的横线上，并勾选你喜欢的方式。

1. 寻找模板：_____

2. 寻找结果：_____

3. 寻找经验教训：_____

4. 寻找有效可用资源：_____

5. 寻找弱点：_____

6. 寻找未来的经验：_____

7. 寻找故事的回忆：_____

A. 铭记你人生中令人痛苦的危机，明确地表达出你得到的经验教训；回想你曾犯过的最严重的错误；哪一次，你庆幸自己听了父母的话；你事业中的转折点及你学到的东西；回首过去，再考虑一下这些事情，你可能会尝试的不一样的做法。

B.反复循环的主题，帮助你定义你是"谁"；后续令人兴高采烈的结果证明你走上了正轨；反复出现失败的结果，是你要来的理由；描述你人生中的荣誉时刻，它们是怎样紧紧相连的，对你来说又有怎样的意义。

C.谈谈你的软肋——上次哭是因为什么；讲述一个让你开心、兴奋得想跳舞的故事；回忆一个尴尬的瞬间，回忆你想钻到桌子底下藏起来的时刻；回忆你深爱的家人的感人故事。

D.回忆你通过努力得来的特别好或者特别坏的结果，看看它们对你现在选择处理事情的方法有什么样的影响；思考一下对你发展人际关系产生影响的或好或坏的结果；读一读像《伊索寓言》这样有教育意义的书，唤起你人生中类似经历的回忆。

E.记住改变你的那个故事，然后用老故事来编新故事；记住你听到过的可能会有用的故事；一个在家庭生活中有效的故事，是否可以用在工作上（反之亦然）；询问影响其他人的故事是什么，并且获得使用他们故事的许可。

F.将你每天幻想的"它会怎样"加上现实生活中的人物，拓展成一个完整的故事（人们喜欢被代入故事中）；将你的担忧发展为成熟的故事，包含所有潜在负面结果——它们会如何结束，会影响到谁。

G.找出一个令你难忘的故事并挖掘其含义；想想出于某种原因，你最爱的电影或者最喜欢的书——试着复述你的想法、观点，这样他人就能领会你想表达的意思。

翻转填空学习活动规则：

① 请用三分钟阅读学习内容。

② 请用三分钟独立完成填空，选出自己喜欢的故事库搭建方式。

③ 请用五分钟进行小组讨论，确定正确的答案，分享自己喜欢的方式。

学习活动结束后公布正确答案，并讲解不同方式搭建故事库的窍门。

这样的教学翻转，有助于激活学习内容，吸引学习者进行讨论交流。教学者可以选择事先讲解学习内容，再进行翻转填空，侧重学习检核和交流；也可以让学习者先完成翻转填空，再进行讲解拆分，侧重自我学习和讨论。我个人倾向于后者，教学记忆会更为深刻。

翻转填空比单纯讲解的效果更好，学员能学得更加扎实和深刻。在教学实践中需要注意：将知识内容进行切割，请勿用大面积知识量进行翻转。学习者没有耐心在大段时间内沉浸在信息和知识过于密集的学习中，这将不利于其吸收。拆解知识模块非常有必要，好比一口吃不成大胖子，少吃多餐消化最佳。

（2）观点分类 / 流程排序

将教学内容进行细致切割时有两类情况：第一，归类性——统一观点、方式或行动；第二，流程步骤性——一定要做完第一步动作，才能开始第二步动作，直至流程结束。这时可使用观点分类 / 流程排序。具体做法是：将知识内容进行切割，以学习点为单位分成独立知识。将每个独立知识制作成单一卡片。建议一个知识内容的卡片在 12 张左右（见图 6-13、图 6-14）。

观点分类 / 流程排序学习活动规则（以 6～8 人为一小组进行）：

① 小组每人选 1～2 张知识点卡片进行快速学习，建议学习 2～3 分钟。

② 小组讨论交流，每人快速讲解自己卡片上的重点知识，建议每人用时 1 分钟。

③ 请将知识点卡片按照观点进行分类，或按照某流程顺序进行排

序，讨论并达成一致。建议时间为 5 分钟。

　　活动结束，讲师公布正确答案，并邀请小组代表分享观点，讲师补充讲解学习内容。

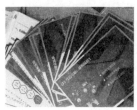

图 6-13　活跃信息——观点分类（图片来自"DDW 课程设计与开发"课程）

图 6-14　活跃信息——流程排序（图片来自"用心销售"课程）

　　活跃信息的方法不只有"翻转填空"和"观点分类/流程排序"，这两种主要方法是帮助教学者开拓视野，用新的形式教授枯燥和信息量巨大的知识。只要有这样的意图，教学者就会发现多种激活信息的教学方式。

　　以上对九种教练式学习活动的应用拆解，一方面可以让教学者快速获取教学活动设计和改造的装备；另一方面可以帮助教学者打开新的教学视角，从以课程学习内容为主，转为注重提升当下的学习体验和学习效果。好的课程不仅需要高质量的学习内容，更需要教学者专注、静心打磨教学方式。

第 7 章

让学员融入课堂：
三位置讲授切换

　　适合的语言表达不仅让听者心情愉悦，容易融入学习氛围，还会不断引发其思考，让其产生新的想法和洞察。那么，教学者语言魅力的关键是什么呢？ 是引领学习者换位思考，而非一味教育、批判。

一、抓住学员注意力是教学者的挑战

把课讲好，不仅是指将学习内容讲解得深入浅出、清晰明确，对于企业培训和社会学习而言，还需要让学习者保持注意力集中，进入专注学习的状态。不少老师会通过生动有趣的讲解、频频爆出"金句"、设计很多互动环节等方式，让学习者保持兴趣和注意力。但这样做的效果并不尽如人意。如果你花一段时间去观察，会发现 20～30 分钟几乎是成年人兴趣由高度集中进入低谷的界限。人们在处于学习兴趣低谷时，自然会把注意力转移到五花八门的手机 App 上，短视频的兴起，又大大降低了人们在单位时间内的注意力。现在，教学时知识的集中讲解时间已经缩短至 8～12 分钟。如果没有抓住学员注意力的窍门，教学现场会慢慢变冷，最后变成老师一个人孤独的演出。

什么样的内容会深深吸引学习者呢？如果你对学习者进行调研，或转换身份和视角思考，不难发现学习者喜欢这样的内容：

- 和我密切相关，和我工作、生活中的情形紧密相连的。
- 分享的内容、话题、人都是我所关心的。
- 说到了我的困惑之处、痛点和让我头疼痛苦的事。
- 发现了很多"盲区"，是我没有想到又特别重要的内容。
- 让我豁然开朗，受到启发，有了思路。

• 很有趣、很独特，创新，我感兴趣的。

……

总之，教学者应该常常意识到"以学习者为中心"，围绕学习者展开教学。以学习者的什么为中心呢？

① 学习者的目标和问题。

② 学习者的工作、生活中的典型场景。

③ 学习者关心的人。

抓住这些维度展开教学的讲解和分析，就能大大提高学习者的注意力集中度。

二、站在学习者的视角授课

讲授课程时，你是以怎样的身份和角色分享知识的呢？很多讲课经验丰富的教学者会展示出说教的口吻，言辞里有很多"你应该""你必须""你怎么想的……"。事实上，这些以教学者身份说出的话，很难让学习者感同身受。那么，除了站在教学者的角度说话，还可以有哪些不同的角色呢？

来自 NLP 高管教练的经典工具——感知位置平衡法，特别好地展示了如何换位思考、换位表达，即站在学习者的角度思考，站在学习者的角度表达。

人们对一件事情的看法或态度，NLP 教练技术称之为"感知模式"。

感知位置平衡法，就是人们将对人、物、事件感知模式的累积作为教练对话的资源，进行目标探索或问题思考。在教练对话过程中，教练引领被教练者明确在工作或生活场景中的一个具体事件，通过三种角色位置的进入、抽离，更清晰、更立体地从不同的角度获得感知体验（见图 7-1）。

第一位置：我。

第二位置：对方。

第三位置：观察者。

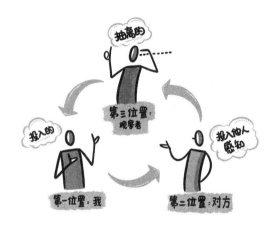

图 7-1　感知位置平衡法

　　在进行不同感知体验时，人们能真正获得换位思考：站在不同的立场、不同的视角里看待问题，体验不同的情绪感受。在教练对话过程中，当我们站在不同位置表达想法时，表达的内容、语气、节奏和身体姿势都会不同。

　　2012 年，我学习了专业教练技术课程，接触和应用感知位置平衡法。当我在"学员"位置授课时，我特别容易感受到学员的体验、观点和视角，能够快速进入他们工作和生活的场景，轻松说出他们的心声；能够站在学员的角度去理解学习的内容如何应用，并优化授课方式。

───────────┤ **练 习** ├───────────

如果你是企业的基层经理人，请体验以下两段讲解方式，看哪种方式更容易让你进入工作场景，感同身受。

【讲师位置的讲解】

你们当经理的常常要辅导员工，怎样辅导更有效呢？你们会直接告诉员工怎么做，还是先示范给员工看，带着他做一遍？或者苦口婆心地和员工谈人生和理想？效果如何呢？并不尽如人意。今天先来讲解辅导员工的五大误区，看看你们是否中招。

【学员位置的讲解】

我们作为管理者，常常头疼怎样培养人才。有时我们也特别不能理解，煞费苦心和员工进行一轮又一轮的谈话，效果却不一定像预期的那样理想。

工作中，我们有时会直接告诉员工要怎么做，担心他们不理解，耐着性子细细交代了一遍又一遍，结果还是出问题。

我们有时也会示范给他们看，带着他们去见客户，做方案时讲解为什么如此设计。结果一番好意，员工还不领情，各种嫌弃和不耐烦。

还有时，我们也会和员工找机会把酒言欢，谈谈理想和情怀，发现他们激动了两周后，又回到原来的模式。实在令人摸不着头脑。

我们经理人这么努力培养员工，效果却并不理想，问题出在哪儿呢？今天先来聊聊辅导员工的五大误区，看看我们到底掉进了哪个坑里。

分析：

两种不同位置的讲解方法，其实创造了学习者截然不同的感受。

哪种教学方式更能吸引学习者，哪种讲解模式更能支持教学者走进学习者内心呢？我们发现，站在学员视角讲授课程，更有利于收获学习成果。

三、激发学习者的感知共鸣

教学者在课堂上的讲授形式多样：讲解知识理论、分享观念思维、讲述案例故事、点评作业训练、引导教学活动、现场答疑解惑等。经验丰富的教学者会发现，不同形式的讲解方式可以应用不同的讲授技巧。那么，除了技巧变化，还有什么表达方式能更有效地增强听众的感受呢？

脑科学专家研究发现，人类大脑有神经同步反应，让人们之间的沟通变得更加清晰、有效和紧密。如果他人在表达时能让你产生类似的情绪感受，让你在脑海里联想到相关的情景画面，那你就自然沉浸在类似的状态中，与讲述者不再是单纯的信息联结，而是产生了更深层次的同频共振。

回想你曾经听课的感受，当老师在说话的时候，你会有怎样的体验？专业、知识丰富、严肃认真、严谨客观、风趣幽默、干货满满……当从这类体验抽离出来时，你会发现自己很少感知老师和自己有共同的经历或体验。老师总是在讲台上，而不是和我们一起。这种感知使得学习者和教学者很难融为一体，教与学始终处在割裂状态。

如果老师特别了解学员，和学员打成一片，学员就会更愿意打开心扉，问出内心真正困惑的问题，真诚地与老师交流。这样，老师就不是在学员的对面讲课，而是和学员站在一起，让教与学走向融合与创造。

教学者并不需要总是持有"教"的身份讲课，也不需要总是停留在学员视角看待问题。关键是要会灵活变化——

在讲解知识概念时，要进入严肃认真、严谨客观的表达状态，可以站在教学者身份和视角说话。

在分享故事案例，引导学习内容进入应用场景时，可以站在学习者的视角上。

四、不同位置的讲授感知

将感知位置平衡法融入课程讲授中，针对不同位置投放内容，往往事半功倍。

第一位置：讲师位置

站在教学者视角授课，非常适合讲解专业技术知识和有逻辑、理论深入的概念。

优点：中正、专业和客观。

缺点：说教，缺乏同理心。

第二位置：学员位置

站在学员角度，针对其工作或生活中的应用场景进行授课，适合讲解学员的挑战、目标、痛点。

优点: 创造场景描述, 启动学员视觉化想象, 富有同理心, 常常引发共鸣。

缺点: 缺乏理性思维, 无法从更大尺度和不同视角看待问题。

第三位置: 关键利益人位置(学员的关键利益人)

教学者站在学员最关心的人, 与学员互动最多、互相影响最大的人的角度进行授课, 适合用在案例拆解, 让学习者发现盲区和新内容时(见图 7–2)。

优点: 支持学习者关注到互动对象的内心感知和角色视角。

缺点: 看问题视角单一。

图 7-2 三位置讲授技巧

"和谐亲子关系的秘密"的三位置讲授

学员对象：中小学生的爸爸妈妈。

教学重点：如何与孩子建立和谐的亲子关系。

【位置拆解】

第一位置（讲师位置）：亲子专家或讲师。

第二位置（学员位置）：学生的爸爸妈妈。

第三位置（关键利益人位置）：①中小学生；②伴侣和其他家庭成员。其中孩子是最重要的利益人，以孩子为主。

【不同位置的教学内容投放】

第一位置（讲师位置）：建立和谐的亲子关系的相关理论、方法技巧。

第二位置（学员位置）：家长和孩子互动中的经验、感到头疼和受到挑战的问题、相关的案例和故事。

第三位置（关键利益人位置）：分析相关案例和故事中，孩子们的视角和感知，讲解儿童、青少年成长的相关知识，孩子们需要什么，为什么会出现这些需要和问题，等等。

"领导者的五项修炼"的三位置讲授

学员对象：企业的中高层领导者。

教学重点：如何带领团队在不确定的环境中获得绩效突破，并实现领导者自身的学习和成长。教学内容聚焦在：①塑造团队的文化和愿景；②基于目标的清晰规划；③言行一致，成为榜样；④成为教练，指引方向；⑤提升团队的沟通协作凝聚力。

【位置拆解】

第一位置（讲师位置）：领导力发展专家或讲师、教学者。

第二位置（学员位置）：企业中高层领导者。

第三位置（关键利益人位置）：①学员（领导者）的下属；②学员（领导者）的上级；③学员（领导者）的同事及客户。其中下属是最重要的利益人，以下属为主。

【不同位置的教学内容投放】

第一位置（讲师位置）：领导力的相关理论、方法技巧。

第二位置（学员位置）：领导者在带领团队中高频率出现的工作场景、需要实现的目标和解决的团队问题、相关的故事和案例拆解、过往发展团队的经验。

第三位置（关键利益人位置）：拆解相关案例和故事中下属所处的环境、面临的问题以及需要实现的目标，下属视角如何看待领导者的支持、辅导和沟通，下属内心期许被鼓励、激发的方式，下属的局限和需要提升的能力和技巧，等等。

示例 "专业的大客户销售"的三位置讲授

学员对象：企业负责大客户业务的客户经理、销售人员。

教学重点：如何进行高价值的大客户销售和维护。内容主要有：①分析大客户的销售习惯和特点；②如何深入挖掘客户需求，成为客户顾问及伙伴；③分析客户心理动态，建立和维护客户关系。

【位置拆解】

第一位置（讲师位置）：大客户销售专家或讲师、销售冠军。

第二位置（学员位置）：企业负责大客户业务的客户经理、销售人员。

第三位置（关键利益人位置）：①学员的客户；②学员的上级；③学员需要的支持部门或伙伴。其中下属是最重要的利益人，以下属为主。

【不同位置的教学内容投放】

第一位置（讲师位置）：大客户销售的相关理论、知识和方法论，心理学知识等。

第二位置（学员位置）：在发展客户过程中常常出现的工作场景，客户经理面临的挑战和困难、成就感和快乐，有哪些窍门和经验，等等。

第三位置（关键利益人位置）：拆解相关案例和故事中下属所处的环境、面临的问题以及需要实现的目标，下属如何看待领导者的支持、辅导和沟通，下属内心期许被鼓励、激发的方式，下属的局限和需要提升的能力和技巧，等等。

五、轻松实现不同位置的授课

讲授时轻松在不同位置切换是非常美妙的状态，它一方面可以帮教学者牢牢抓住学习者的注意力，另一方面也让教学者灵活授课，会有更多的教学方法和思路，是心流授课的最佳切口。

那么，具体如何实现不同位置的授课呢？

第一位置：讲师位置

教室正前方或中央通常是第一位置，即讲师位置，这也是很多教学者最熟悉、最擅长的站位方式。建议设置的心理锚定（心理暗示，并会形成自动化习惯和行为）可以偏向专业认真、研究客观，更多以讲授知识、理论、工作方法以及正式点评反馈为主。每当课程进入这些环节，教学者可以有意识地站在中心位置对着学员分享和讲授，同时保持自我觉察：如果长时间站立在中心区域授课，并未走动和切换，那么意味着需要增加不同视角的讲授方式。

这一站位的语言表达，例如："你们 / 大家应该……""必须 / 这就是说……""指的是……"

示例 ┊ **第一位置：讲师位置的讲授**

你们当经理的常常要辅导员工，怎样辅导更有效呢？你们会直接告诉员工怎么做，还是先示范给员工看，带着他做一遍？或者苦口婆心地和员工谈人生和理想，效果如何呢？并不尽如人意。今天先来讲解辅导员工的五大误区，看看你们是否中招。

第二位置：学员位置

我们建议把课堂左方区域（也可以是右方，以自己的喜好设定）作为第二位置，即学员位置。设置的心理锚点可以偏向描绘学员的生活和工作场景、他们的心情和感受，分析和讨论他们目前最为头疼或感兴趣的话题。教学者在进行这类内容的讲授时，先自然走动到左方区域，带动自身转换角色，然后尝试使用第一人称讲述与表达。

注意语言表达细节能让教学者进入学员位置：

① 语言模式切换："我们作为……"

② 每当使用"我""我们"时，在此段讲授中的语境指的是学员角色。请留意下面示例中画线的词句。

③ 用学员位置描绘出学员的工作场景和问题挑战。请留意下面示例中标识斜体的情景。

第二位置：学员位置的讲授

<u>我们作为管理者</u>，常常头疼怎样培养人才。有时我们也特别不能理解，煞费苦心和员工进行一轮又一轮的谈话，效果却不一定像我们预期的那样理想。

工作中，<u>我们有时会</u>直接告诉员工要怎么做，担心他们不理解，耐着性子细细交代了一遍又一遍，结果还是出问题。

<u>*我们有时也会*</u>*示范给他们看，带着他们去见客户，做方案时讲解为什么如此设计*。结果一番好意，有的员工还不领情，各种嫌弃和不耐烦。

还有时，<u>我们会</u>和员工找机会把酒言欢，谈谈理想和情怀，发现他们激动了两周后，又回到原来的模式。实在令人摸不着头脑。

<u>我们经理人</u>这么努力培养员工，效果却并不理想，问题出在哪儿呢？今天先来聊聊辅导员工的五大误区，看看<u>我们</u>到底掉进了哪个坑里。

第三位置：关键利益人位置

课堂右方区域（也可以是左方，和第二位置相对的方位即可）是第三位置，即关键利益人位置。设置的心理锚点可以偏向描绘关键利益人的视角和感受，描绘的场景主要以关键利益人与学员互动为主，目的在于拓展学习者的空间思考，让其发现盲区和局限。教学者在进行这类内容的讲授时，先自然走动到右方区域，带动自身转换角色，然后尝试使用第一人称讲述与表达。

注意语言表达细节能让教学者进入学员位置：

① 语言模式切换："如果站在员工（相关利益人的角色）的角度思考，我们会……"

② 每当使用"我""我们"时，在此段讲授中的语境指的是关键利益人角色。请留意下面示例中画线的词句。

③ 用关键利益人位置描绘出学员的工作场景和问题挑战。请留意下面示例中标识斜体的情景。

示例 | **第三位置：关键利益人位置的讲授**

　　辅导员工时只是一味考虑提升团队绩效，以经理人自身喜好为准，是很难真正激发员工的动力的。<u>如果站在员工的角度思考，我们会怎样理解</u>经理和领导谈话的目的与氛围呢？

　　一边听领导说话，一边心里就开始猜想，领导一定是觉得我最近业绩不怎么样，要批评我了。那客户单方面出的乱子，也不能全怪我啊！都是套路……看你要说什么？我做得特别牛气时，也不见得你表扬我啊……

　　不难发现，有的员工是带着负面情绪和担忧进行交流的。因此经理人能建设好的沟通氛围是特别重要的，不妨以赞赏和鼓励的态度打开话匣子。

　　也有员工比较认真和用心，可能在对话中不同意上级领导的观点，有自己新的想法。*那我是说还是不说呢？今天老大心情一般，我还是不要找麻烦好了，回头发封邮件简单汇报吧。万一说了，也把这项工作交给我，压力太大了，还是算了。*

在征询员工意见和想法时，员工说"没有什么想法了"，是真的没有意见还是不想说，或者员工认为不是好时机呢？经理人遇到这种情况时，可以把对话的切口落在更具体的细节上，同时调整自身状态，多次征询意见，让员工通过更细致的交流转化想法，敞开心扉。

六、刻意练习，增强三位置切换的灵活度

三位置的灵活切换，从了解到习得成为自然习惯，光靠技巧还不够，需要不断练习。

以下是部分参与学习应用的教学者的练习和应用实践分享。

反复练习三位置授课，我体会特别深刻！我清晰地体验了不同位置授课的意义。学员们太需要老师多谈和工作紧密关联的情境了，他们渴望在每一个情境中更多地带入自己。老师在描述情境时，也需要加强渲染和讲故事的能力。

——马老师

尽管知道要完成三个位置代入，我却很难抽离出讲师的位置，这就是知易行难吧。何解？唯练习也。

——Alice

习惯了站在讲师角度去讲授，现在要从学员角度和学员

关键利益人角度去讲授，是对过往经验的冲击，也推动我们做出改变。

——朱老师

开题时站在三个位置进行不同角度的讲解，能充分激发学员的学习意愿。

——钱老师

从学员和关键利益人的角度来讲授，能够更好地引起学员的共鸣并让他们集中注意力。要多练习，并且要和其他小伙伴互相练习、观察点评，而不是自己对着镜子练。

——梓洋

三位置讲授法帮我找到了自己日常授课中换位表达的理论依据。在不同位置自由切换给了我强烈的震撼。要能游刃有余地切换，一定要对所授课程的内容高度熟悉。

——熊老师

三位置讲授法是一个特别能够和学员联结的方式。从讲师的位置跳出来，站在学员的角度考虑，特别是站在学员背后的相关利益人的角度，可以让学员更好地享受上课的过程，体验工具和技巧。

——曾老师

学习应用三位置讲授法，第一步是要明确三个位置的角色，第二步是让身体移动带动角色转换，第三步是用故事讲授、情境描述来呈现内容。通过三个维度，对情境做萃取：①目标；②困难挑战；③画面、语言、感受。

——高老师

使用三位置讲授法，通过不断变换人称、表达模式、感受，快速将学员带入应用场景中，最大化地提升学员体验，激发学员的学习热情。

——张老师

想在三个位置中自如切换不是一件容易的事，不仅要对自己讲授的知识非常熟悉，还要很好地理解三种角色在不同场景中的立场与语境。

——陈老师

很多教学者通过三位置讲授法获得了满意的教学成果，也有一些教学者在进行训练时，会卡在三个节点上：

① 改变讲师位置太困难。

教学者经常处于第一位置授课讲道理而不自知。改变前提是要转化内在的教学心智模式。

② 只有真正了解，才能转化到学员位置和关键利益人位置。

在学员位置和关键利益人位置讲授，会应用大量的工作和生活中的场景，教学者需要花时间细致调研和收集信息，洞察关键问题，并真正进行研讨。否则无法获得真实的体验，进入实战性质和场景化的教学，也就谈不上使用契合的案例和故事了。

③保持灵活切换是人课合一的最佳状态。

人课合一的最佳状态是灵活自如地切换位置，不是依据计划，生硬地变化。从学习到自然应用，需要结合教学目标和设计刻意练习。

第 *8* 章

让授课轻松自然：
进入心流授课状态

进入心流授课状态是一种美妙和专注的体验。教学者不被外界无关的事物干扰，注意力完完全全聚焦在课堂上，和学习者无缝隙地交流；自己也处在最佳教学状态，内在的智慧充分流动。在这样的状态下，教学不是工作，而是一个非常愉悦的创造过程。

一、怎样的体验是心流状态

有一位 PCC 教练（专业级教练）A 老师在 2016 年 9 月来到我的课堂，学习如何讲授教练课程。这是一场六天的连续学习。有来自不同领域的四十多位教学者一起共同学习。教室采用的是剧院式布置，为了方便讲师们练习技术，没有配置桌子、桌牌，只是邀请大家各自佩戴一张小卡片，上面写着自己的名字。几天的学习下来，她特别感兴趣地请教我一个问题："Esther 老师，我发现无论是在课堂上还是休息时，您总是能准确叫出每一位学员的名字，而且您好像第一天下午就做到了。有什么秘密可以分享吗？"

这是我常常被问到的问题。我自己也很好奇，有的时候是两三百人的大课，我也能记住很多学员的名字。在多次被问到这件事时，我开始尝试梳理可能的技巧和方法。是我视力好，能看见每名学员的名字吗？好像不是，我常常也看不见名字贴纸；是那些人特别积极活跃，不停地和我交流，我们从陌生到熟悉了吗？大多数学员不是因为这种情况而被我认识的。我在教学中刻意记住他们的名字了吗？似乎也没有。往往课程结束了一段时间，我就无法再记住他们的名字了，也就是说，我并没有独特的记忆力。通过认真的回忆思考，我发现自己不仅能记住学员们的名字，似乎还能记住他们每个人不同时间的学习状态、着装，甚至每天的变化和学习进展，在听到他们提问时，常常能觉察到背后的动因……突然，我明白了：在授课时，我常常注意力高度集中，完完全全进入课程，不被其他事情干扰，我也非常享受这样全身心投入的状态。我把这个"秘籍"和 A 老师分享后，她也开始尝试这种方式。

2020 年 5 月，A 老师来深圳和我交流时，非常激动地分享道："您原来教我的方法，我总是做不到，就觉得这可能是您个人的独特武功。现在我也可以记住每名学员的名字了，而且我并没有刻意去记，自然而然就记住了。我还能清楚地感受到他们的感受，能静心听他们的问题，并分辨出问题背后的问题。我发现自己进入了特别好的教学状态，注意力非常集中，这真是特别好的体验。"

其实只要专注，把"我"抽离了，心中只有课程和学员，就很容易专注了。当教学者把所有注意力和能量放在课程中时，会产生神奇的能力。教学者不仅能记住学员的名字、高质量地回应问题，还能感受到"人课合一"的状态：熟练轻松地讲授课程，思维如流水一般清晰敏捷。这是因为大脑在注意力集中时，会整合所有的信息和想法，让它们进入有序状态，彼此支持，并屏蔽所有与课程无关的念头。当意识建立了良好的内在秩序，我们就会感受到智慧流淌，进而带领学习者进入最佳状态，产生教与学的同频共振，创造最好的学习体验。

哈佛大学的积极心理学家米哈里·契克森米哈赖教授认为，心流状态是一种人们将注意力完全投注在某一活动上，高度兴奋和充实的感受。进入心流状态时，最显著的特质是：

① 专注一致投入所进行的活动，活动具有一定的挑战性。

② 人们的忧虑、焦虑等负面感受消失，所有能量投入所创造的活动都有美好、积极、创造性的正面体验。

③ 主观的时间体验改变，时间似乎一晃就过去了。

④ 进入了自己的最佳状态。

专注而快乐的状态是教学者期许发生在课堂上的。教学的本质是用高质量的沟通带来人与人、人与内容的交互。不仅是教学者可以进入心流状态授课，学习者也可以进入心流状态学习，无须大脑通过严谨的逻辑分析，对学习的信息和知识量进行再次回顾、检视，仅仅从对学习的投入和专注度角度就能快速判断学习成果的高低。而学习时是否专注和投入，不是单一依靠课程中传递了多少干货来决定，更关键的是课程背后的教学设计，以及课程中教学者的自身教学状态，能否不断激发学习者的兴趣、注意力持续投入，并感受到在课程学习中的进步和收获。这是一个互相促进的循环，大多数是由教学者发起和引导的。

很多教学者进入心流授课状态，还明确感受到：自己授课非常娴熟、自然，一直有思路涌动而出，甚至不需要经过很清晰的思考，就能自然而然地流畅说出高价值的观点、知识、信息，对现场很多环节的处理方式也精彩、恰到好处。他们特别满意自身的授课水平和处理方式，并获得了现场学习者的融合与呼应。有时授课或展示的并非提前设计好的教学内容，而是对内容进行了延伸，现场有了灵感，改造了原来的教学方式，实现后又得到很好的反馈；课程结束后，受到了学员的好评和肯定，自己对教学工作也非常认可。（这和盲目的自我感觉良好完全不同，并不是沉浸在自己得意忘形的世界里，而是清晰、专业、经验化带来的成果。因此，大多数不会发生在教学者不熟悉的教学内容上，常常是教学者熟悉的内容，而且常常有来自大多数学员的正面反馈和可视化的变化或成果。）

二、创造心流教学状态的前提：熟悉和安全

授课时，教学者如果感到紧张、有压力和情绪焦虑，注意力就会停留在教学的内容上。有的人也会对课程现场特别敏感，一有风吹草动就会让他产生很大的担心顾虑，使得教与学都高度紧张，难以创造流动交流的场域。注意力很难集中在当前的工作中。

那么，如何进入轻松教学的状态？有以下几个前提。

熟悉教学内容

对课程的教学内容非常熟悉。讲授熟悉内容的教学者更容易产生自信和安全感，愿意和现场学习者互动、联结而产生轻松的氛围。

清楚活动引导流程

对课程涉及的研讨交流、互动碰撞、测试体验等环节的引导流程熟悉清晰；对于如何带领学习者获得更好的体验有丰富的经验和技巧；对现场教学活动的时间管理，就像内心有了可视化的节奏表，甚至可以灵活大胆地在现场进行调整和变化。

收集分析学习者的背景和特点

教学者可以在授课前了解学习者所处的行业、岗位角色、共同的挑战和关心的话题，或个人背景信息，这些都能够增强教学者对学习

者群体的熟悉程度。有一些专业又智慧的教学者会在调研中留意学员的问题、话题，以及他们特有的词汇和风格，在教学中自然而然地提及，让自己和对方都感到亲和与放松。

布置教学现场，了解开场流程

不少教学者会自己布置课程教室，测试设备。这不仅是对现场细节的管控，更是让自己熟悉现场的最好环节。同时，最容易紧张的时刻多发生在刚开始，为了缩短从紧张到放松的时间，可以和项目成员一起设计好开场流程，让自己沉浸在现场的安排中。

经验丰富的讲授技巧

要进入心流授课状态，教学者需要具备扎实的讲授基本功，有一定的经验和专业熟练的表达能力。

三、有意识地训练即兴表达能力

语言表达能力是进入心流授课最重要的基本功

每个人都有自己分享的方式和节奏：有的人讲故事娓娓道来，而启发人心的一刻在故事情节里处处可寻；有的人以理服人，用清晰的逻辑、明确的观点、大量的信息和知识点去冲击听者的思维；有的人温和走心，用亲切的语调、让人放松的微笑把生硬的道理悄无声息地融入对方的内心……教学者没有标准的、流程化的语言模式，但是他们都在自己的最佳状态和恰当节奏里。因此，对教学者而言，需要有流畅的表达技巧，能构建自己的风格和状态。即兴表达最考验教学者现场取材和灵活反应的能力。

很多销售人员的训练中会引入即兴表达，目的是训练销售人员轻松自然地和不同背景的客户找到适当的话题来交流。只要想提升沟通能力，形成自然而然、流畅的表述风格，都可以尝试这样的训练。

（1）如何展开即兴表达

即兴表达的核心模式是：围绕某个事物（概念、情景）展开一段分享。

请分享关于"勇敢"的话题，不要犹豫，请马上开始说话。

示例

> 提到勇敢，人们常常把它喻为美好的品质。什么行为可以称为真正的勇敢呢？打破障碍，自我超越可以称为勇敢；遇到不公，拔刀相助，支持他人渡过难关可以说是勇敢之举；我们在大多数人沉默的时刻，站出来表达内心想法也是勇敢……其实，人人都是勇敢者……
>
> 分析：
>
> 打动人心的讲述方式：表达清晰流畅，还自然使用了排比句，几乎在围绕核心观点展开，是即兴表达非常高的水平。

示例

"勇敢"这个词让我一下子卡着了，我不知道从哪里开始说，但是看到大家的眼神充满了鼓励和信任，我瞬间觉得自己勇敢起来。我回想自己在大学时，好像做了一件挺勇敢的事……

分析：

从自己走到故事：刚开始突然说话，人们可能会蒙圈，不知所云，常常从"我"开始，围绕"我"展开过渡语和连接词，慢慢找到感觉，开始进入好的状态。一般需要3~5秒钟。

示例

勇敢是什么？伙伴们如何定义它呢？无非有三种理解。第一，描述一个人特有的精神特质：不怕危险和困难，有胆识，不退缩。和大多数人比较，他的行为更加坚定，勇于付诸行动，更有意愿面对可能承担的结果。第二，形容一个人当下的情绪状态，有坚定、果敢的超出常人的精神特质，尤其是在面临风险和不确定的情形下积极行动。第三，大多数时候，勇敢形容的是正面意义。

分析：

逻辑特别清晰的表述，不仅有第一、第二、第三的结构化说明，而且在表达中会从不同的情境和定义去分享，让听者保持信息接收的清晰。

即兴表达的底层逻辑就是围绕关键词，沿着大脑快速联想的方向，展开表达和讲述，看起来似乎是在一边思考一边表达。为了让这样的表达更有序、更有品质，需要展开针对性的训练。

（2）刻意练习即兴表达

对于语言表达能力特别强的教学者或喜欢表达自己想法和观点的人而言，即兴表达不是困难和挑战，而是乐趣和享受；对于比较习惯于遵循授课计划，喜欢一遍又一遍打磨内容和案例，重复分享同一话题或用类似的方法来表达观点的朋友而言，即兴表达是极大的挑战和冒险。我们常常看到不少教学者带着教案、资料和稿件，或者对着课件说话，他们内心不仅有对讲课的紧张，有时也有对改变的抗拒。

有计划、有节奏地练习即兴表达，除了能提高表达能力和技巧，还能帮助人们消除用这种方式呈现观点的不安和紧张。

有效的训练就是：多说！我们不只在正式授课时训练即兴表达，也可以在生活中、授课之余的工作中常常训练自己。

首先，最让人感到安全的练习是：自言自语，自我练习。你可以在闲暇之余或独立空间里，对看到、听到、想到或感受到的任何一个场景或词语开始联想描述。无须准备，但要有意识地输出结构和观点。

其次，只要在正式一些的场合说话，我们就可以有意识地展开"默默练习"。

- 开会发言。
- 和朋友或同事沟通。
- 准备一个正式演讲的彩排环节。
- 向上级汇报工作。
- 和孩子讲一件刚刚发生的事。

……

只要想练习，你会发现机会到处都有。你要做的就是：抓住它，不需要准备，从一个切口开始发言。

增加开口率是最佳的提升方式，从刻意练习的有效性来看，还需要关注正确的练习、有效的练习。

日常的表达习惯会形成即兴表达的主要结构

即兴表达是在没有特别准备的情况下开始说话，但它也有一定的结构和思路。这些结构和思路来自哪里？来自人们习惯的表达方式。

如果你平时常常说一段话后再总结观点，那么你的即兴表达就很容易出现类似的结构和模式；如果你平时说话就有很多过渡语、连词，比如"那么""后来""因为""所以""因此啊"，那你在即兴表达时就会脱口而出大量过渡语和连词，甚至口头禅；如果你平时说话就常常使用逻辑结构，比如"第一……第二……第三……"，或者"首先……其次……最后……"，那么在即兴表达时，你也会自然而然地使用逻辑结构和数据来丰富表达的内容与信息。

教学者主要是通过语言表达进行分享和授课的，因此一定要养成好的表达习惯和逻辑思维。只有如此，你在开始即兴表达时，才不会因为毫无准备而大大降低语言的清晰度和感染力。有意识地训练表达习惯非常重要，以下细节值得关注。

① 减少不必要的口语和口头禅。

② 减少明显的过渡语和填塞词，例如："这是什么意思呢？这个意思就是……""为什么会得出这样的结论？这个结论就说明啊……"

③ 避免重复和不必要的互动，例如："那么我再总结一遍……""还是需要再强调……""大家觉得是这个意思吧？""你们认为呢？""同学们都同意吧……"

以下方法有助于建立清晰的表达结构。

① 用总—分—总的逻辑表达。

示例 　工作中最浪费时间的是不合理的工作安排，下面分成三点和大家说说情况：第一……第二……第三……这样，合理的工作计划就能节约 30% 的时间。

② 强调重点，可以展开分析。

示例 　职场人士常常觉得时间不够用，最大的问题是被琐碎的事情打断。我们具体分析看看如何碎片化使用时间……

③ 用关键词提炼要点。每当我们说了一大串信息，有的听众就会陷入大量内容中，记不住、抓不住重点。因此，用关键词提炼要点特别有必要。

总之，有意识地减少无用词，增加逻辑结构，在即兴表达时，你的语言就会更加清晰，更加有感染力。

增强表达的感染力

优秀的表达者在进入正式发言、演讲和授课状态时，常常和平时沟通交流不太一样。最大的不同在于表达的状态、声音的使用、表情和语言的匹配等方面。在教学中使用即兴表达分享观点、思路和见解时，表达风格最好和教学者的授课状态保持一致。如果想让表达有一致性和连续性，可以有意识地练习，抓住以下几个小细节。

（1）使用重音、停顿让表达变得不同

平时沟通：管理者时间规划的最大风险就是——碎片化！

正式表达：管理者 /（停顿）时间规划的 /（停顿）最大风险 /（停顿）就是——碎片化（重要）！

（2）增加情绪状态说话，会带动更多情绪认同的感染力

平时沟通：管理者时间规划的最大风险就是——碎片化！（专业平静）

正式表达 1：管理者时间规划的最大风险就是——碎片化！（皱眉＋严肃认真）

正式表达 2：管理者时间规划的最大风险就是——碎片化！（微笑＋幽默轻松）

（3）放慢节奏

即兴表达时，教学者会在分享的同时组织语言，甚至同步思考节奏和内容。此时，如果语速太快，将造成极大压力。因此，要有意识地放慢节奏：不仅是语速，也包括你在教室里来回走动的节奏，从一个信息内容过渡到下一个信息内容的节奏，翻阅 PPT 和教学材料的节奏，与学员交流、眼神互动的节奏，等等。掌握了适当的节奏变化，在现场教学时即兴授课的频率会更高，就更容易和学员有自然联结了。

四、进入心流状态，提升课程效果

更快速地进入心流授课状态，可以依据"潜意识授课三步训练

法"（见图 8-1）展开练习。

图 8-1 潜意识授课三步训练法

第一步："胡说八道"

目标：脱口而出，应用大脑功能的"联想法"。

这与即兴表达基本功一致，即基于一个小切口展开表达和分享，此处不再重复说明细节。关键技巧是从描述"选择的事或物"开始。

示例

花瓶

花瓶形态各式各样，出现在人们生活中的样子，总是和花、装饰空间有关。花瓶的材质也多种多样，常见的有玻璃、陶瓷、铁器、塑料、竹器等。只要摆放恰当、搭配适宜，花瓶总能给空间带来别样的美好。

第二步：建立联系

目标：联结课程学习点，找到两者的相似之处。

从事或物过渡到学习的共同之处，是给听众大脑以缓冲和连接功能，也能使生硬、抽选的学习内容变得立体和视觉化。不仅利于现场教学的丰富体验，也利于学员记忆学习点。

示例｜**从花瓶到培养员工的多种方法（管理课程常见的学习点）**

花瓶形态各式各样，出现在人们生活中的样子，总是和花、装饰空间有关。花瓶的材质也多种多样，常见的有玻璃、陶瓷、铁器、塑料、竹器等。只要摆放恰当、搭配适宜，花瓶总能给空间带来别样的美好。

辅导员工、培养人才与花瓶也有异曲同工之妙。没有完美的员工，只有更好的培育方式。不同的员工有不同的特点，只要用人所长，并加以不同的鼓励、辅导和跟进，就会给团队带来别样的美好。

第三步：出口成章

目标：多种结构化输出，展示和讲解学习点。

将课程涉及的重要学习点进行有结构地讲解和分析。如果现场教学是基于当下发生的情景，可以在实战点评、现场活动复盘、讨论各种状况时，延伸一些新的学习和方法。教学者可以使用板书、海报绘制、PPT 补充等多种形式进行结构化补充。

示例 **讲解辅导员工的三种方法**

花瓶形态各式各样，出现在人们生活中的样子，总是和花、装饰空间有关。花瓶的材质也多种多样，常见的有玻璃、陶瓷、铁器、塑料、竹器等。只要摆放恰当、搭配适宜，花瓶总能给空间带来别样的美好。

辅导员工、培养人才与花瓶也有异曲同工之妙。没有完美的员工，只有更好的培育方式。不同的员工有不同的特点，只要用人所长，并加以不同的鼓励、辅导和跟进，就会给团队带来别样的美好。

常见的员工辅导有三种方法——告知、辅导和教练；在不同的任务情景下适用于不同的员工。以下将详细为大家进行应用方法的讲解……（可使用板书或增加 PPT 等可视化内容。）

五、进入心流授课状态的本质是教学者不断内在成长

从"胡说八道"到"出口成章"的练习，让我感受到语言的魔力和组织合并的重要性，同时深刻感受到课程设计的重要性。

——Sarah 老师

心流授课让培训师敏锐地捕捉到环境、学员中的信息，并迅速转化为促进教学目标更好达成的教学内容，是现场教

学的有效方法。

——高老师

　　基础表达的逻辑精准和潜意识的授课，需要同时加以练习。

——王老师

　　原本以为做不到的"胡说八道"一下激发了我内心的表达欲望，融合了教学知识库和经验库。相信通过不断的刻意练习、丰富的知识储备，我可以越来越自然。

——谢老师

　　潜意识授课让我真正感受到优秀讲师是怎样修炼而成的。在看似杂乱无章的章法中快速找到事物之间的关联，完成课题的结构化输出。

——魏老师

教学者练习的体验是：

① 惊奇原来自己进入潜意识表达特别轻松、快乐、过瘾。不少人会快速连接过往的知识和经验，自然融入课程的知识学习。

② 需要保持训练，让心流从"胡说八道"的放松状态启动，有逻辑地流向"建立联系"和"出口成章"。

③ 选择最小切口进入潜意识授课——不一定是可视化的物体，有可能是发生的一个情景，并有意识地在第一步进行观点提炼。第一步的描述越真实、有趣，越容易引发大家的共鸣和思考。

当教学者娴熟地掌握潜意识授课，就能更好地体会：技术和熟悉是基本功，关键是需要教学者不断地推动个人的内在成长。富足美好的内在精神世界能支持人与人平等、安全、相互尊重与信任地交流。首先是和自己这样沟通交流。我们可以更好地让内在成长，会进入对自己满意、认可的舒服状态，让生活和工作也保持适合的节奏和轻松的状态。即使在课堂上遭遇挑战，感到紧张，我们也能很快有所觉察，并快速调整注意力，保持高度专注。所以，教学者不是百分之百地处在心流状态下授课的，而是随着自身内在成长、外在技能提升、经验丰富后，越来越高频率地进入个人的最佳状态授课。"最佳状态"不是静止的，而是动态变化的，我们的目标是在讲授课程时有更多的时间处于最佳状态。

教学者常常在最佳状态授课，会影响学习者的听课和学习状态吗？这是非常确定的。人的潜意识有连接感，身体和情绪也会收到同频的信号。在同一空间、同一教室里，越多的人进入心流状态，就越能激发和连接更多的人进入最佳状态。

第 9 章

让教学迈向线上：
OMO 教与学的新时代

2020 年年初，新冠肺炎疫情影响和冲击着学习行业的各个角色和岗位。过往的教学经验无法复制应用，教学者开始迈向线上和线下结合的教学新时代。教练式培训技术和在线学习模式契合，也将逐步走向成熟，迈入 OMO（Online-Merge-Offline）混合式学习的新时代。

一、拥抱变化，迈向未来的教与学

新的学习时代，教学者要有在线教学时代应该具备的反应能力。无论是学校的教育工作者、教培机构的教学老师，还是培训咨询的顾问讲师，都需要面对摄像头、通过网络平台传输学习和知识。怎样开启第一步？打开思维限制是特别关键的。

M老师在银行的营销教学领域非常知名。他工作极其繁忙，常常困扰他的问题就是陪伴家人的时间太少，身体也在高强度的工作中面临健康威胁。

来自某高校的B教授非常抵触在线教学，认为这没有任何意义，不过是为完成学校硬性任务，不得已而为之。

上海的L老师是课程研发、讲师训练方面的专家，工作常常预排半年，没有空当。

在新冠肺炎疫情的影响下，这三位教学工作者都面临着新的挑战。他们在请教我如何将教学快速转移到线上时都出现了相似的情况：他们都用了80%的时间讨论、验证在线教学是无效、无意义的，只有20%的时间用于交流如何做线上教学。

M老师授课经验丰富，第一次录制线上课程，来来回回折腾了五个多小时。后来他渐渐放下抵触和观望情绪，找到与学员的结合点，不到半个月，巧妙地将大量线下课程的关键学习内容都转化到线上，迅速融入在线教学，成为带头人。

B教授一直坚持在线教学是无效的，只因为工作任务的要求，心不甘情不愿地以读稿般的方式完成了前两周的课程录制。一次偶然的机会，他参加了线上研讨论坛，发现虚拟教室（类似企业视频会议平台）的互动功能极为强大。他找到了适合自己的模式，开始和同学在线上讨论和交流。

L老师观察行业变化，蛰伏不动，静静研究其他人是怎么做的。两个月后，开始尝试线上学习。以学习者的身份进行线上平台的接触和研究，进而开始启动线上教学。

人们适应新的变化甚至创造变化的过程，是自己的内在突破和转化的外显过程。

教与学进入富有时代特色的阶段后，在线教学是最佳配置和补充。随着5G的加速发展，未来的学习绝不仅仅限于在传统的教室里展开。教学者内在抵触、抗拒的并不是新的教学平台和新的学习模式，而是变化。教学的数字化进程刚刚进入实质发展阶段，教学者应该开拓视野，从现在开始构建多元化教学技术，启动迈向未来的"学"，这将优先于"教"。

二、线上学习的主要形式

线上学习目前主要有三种形式——录屏课程、在线直播、虚拟教室，各有不同的侧重点（见图9-1）。

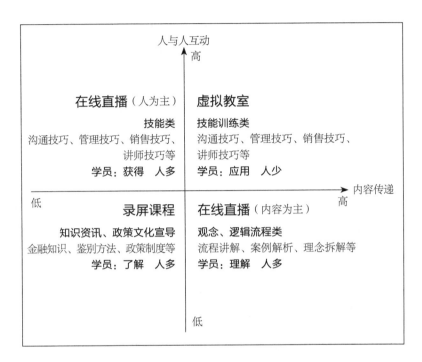

图 9-1　线上教学场景差异化

教学者可以基于自己的教学内容和教学诉求选择教学形式。当线下教学转移至在线学习时，思维的转变不仅要考虑到教学者的"在线教"，站在教练式培训的视角，更重要的是考虑到学习者的"在线学"——如何更好地激发和保持学习者的专注度、参与度，以保证在线教学的质量和效果。

线上和线下的教学场景存在差异，表面上看，很多线下的教学技术和学习活动好像都不适用于线上教学。如果持续实践，你会发现两者底层的教学逻辑有着极大的相似之处，无须做太大的变化，只需要基于教学场景的差异化进行局部调整，就能适应学习者在线学习的新需求。

三、在线与学员创造亲和关系

在线教学的挑战在于，沟通和交流有一定的网络延迟，各个平台的延时不同，5～10秒不等，及时沟通和互动需要考虑延时反馈；由于网络速度的限制，学习者有时会关闭摄像头，以确保声音清晰、不卡顿，这使得直接交流的感官体验大大减弱，让教学者无法发现学习者流失注意力甚至离开座位；教学的技术平台功能有差异，有的平台可以实现老师与学员之间的充分互动，比如共享PPT、画图、填字、注释、投票、分组进入线上小教室讨论、共享白板等，使在线教学活动的设计很灵活，也有的教学平台功能单一，教学者不容易与学员直接互动，不利于创造学习的亲和关系。

教学者可以考虑从三个维度营造线上课程的亲和效果，轻松取得突破。

在线学习登录时刻："check in"仪式感和破冰

无论是哪种在线教学——虚拟教室、在线直播还是录屏课程，都可以建立开始课程的仪式感和破冰环节，迅速建立和学员的亲和关系。

① 虚拟教室授课时，提前15分钟进入在线教室，和每一位进入教室的学员打招呼。如果人数不多，可以与认识的学员做简短的交流。

② 在线直播授课时，提前2～3分钟进入直播，和陆陆续续进入直播间的学员打招呼，用简单的问题邀请学员进行互动，例如："你

已经准备好听课了吗？准备好的伙伴请在聊天区发 1。""你在哪个城市？请在聊天区发你所在城市的名字。"简短的互动可以引导学员和教学者交流。请一定读出学员的名字和他所在的城市，认识和破冰就发生了。

③ 使用录屏课程授课时，可在第一分钟有一些简单问候语互动，不一定要正式专业，气氛轻松、有交流感就好。

教学过程中：保持对学员的观察、联结和互动

在线教学时，一定要注意学习者的学习状态。通过屏幕观察学习者是否在专注学习，并给予及时的反馈。进行互动活动时，观察学习者在评论区的回复和反馈，读出其名字和分享的观点，及时肯定。对学习者提出的问题，及时回答，并赞赏学习者的思考和专注。对于没有参与的学习者，创造更多的互动机会，读出他的名字，更多鼓励和支持其参与。总之，在线教学时，可以分配 30% 的注意力持续关注学习者，推动他们保持学习的动力，给予更多赞赏和肯定，这是和线下教学的不同之处。

在线学习结束离开："check out"分享和道别

在学习结束后，可以邀请学习者分享收获点。分享的形式可以多样化，为了让更多学习者参与，可以邀请学习者在聊天区用一句话总结（虚拟教室），在留言区写两三个关键词（在线直播或录屏课程），投票选出与自己观点一致的学习者反馈（虚拟教室），或连接麦克风，邀请部分学习者发言（虚拟教室）。和线下教学不同的是，在线学习

的分享方式可以同步进行：连接麦克风进行语音表达和在聊天区输入内容，双轨并行，让喜欢口头表达的学习者和"键盘侠"型学习者勇于用不同的方式贡献想法。最后，教学者要情绪饱满地赞赏和读出分享者的名字及分享的内容。

道别时刻也是建立亲和关系的节点。课程结束后不要直接下线，而要在线多待 5～10 分钟，让学习者有机会继续提问，或播放背景音乐，打开所有学习者的麦克风，和学习者道别。还可以邀请学习者打开摄像头，共同比画动作，拍照、交流。在结束的时候有点乱糟糟的，并不影响学习效果，反而能促进大家散场交流。

四、保持积极的在线教学状态

T 老师是领导力课程方面的专家。2020 年 5 月，随着企业的学习战略变化，她不得不将企业内部的领导力工作坊全面搬到线上，正式开始在线授课。几天的课程进行下来，T 老师感到非常痛苦，状态越来越差。她以前习惯和学员眼神交流，亲密互动，现场引导非常热烈的讨论和交流。然而转化成在线学习，她之前的讲授技术似乎都失效了，无法带动学员进入话题讨论，不少人陆续关闭摄像头，最后只剩下她自己在空中教室里孤零零地授课，压力很大。在她的邀请下，我们开始观察她的授课情况，发现了一些问题。

① 线下课程内容几乎全部复制到线上，未做结构性调整和变化，使得教学的节奏偏慢，学员很容易失去注意力。

② T 老师授课语速较慢，导致在线教学的节奏拖沓。

③ 缺乏应用在线虚拟教室的互动工具，仅仅使用了屏幕共享和聊天区，使得教室互动频次太少，45 分钟才有一次口头互动。

④ T 老师开场状态不错，后期学员和她没有互动、不能及时响应她时，她自身状态也在下滑，最后几乎是比较被动地把内容提一提就过了。

⑤ 学习前和学习后，T 老师与学员几乎没有交流，学员之间的交流设计也很缺乏。

陷入这样的恶性循环，T 老师也找不到线下授课的最佳状态了。这不仅是 T 老师面临的挑战，也是很多教学者开始线上授课时面临的最大挑战。如何进入积极的在线教学状态，有哪些技巧和策略可以支持我们积极转变？

仅仅是把知识迁移到线上的单一讲授模式，终将被淘汰。在线学习是穿越屏幕的高质量交流，教学观念一旦发生变化，新的教学技能就会迅速提升。保持积极的在线教学状态可以创造空中教室的最佳学习体验，这需要教学者自身先做好准备。

线上学习要塑造更立体的教学状态，让学习者有更清晰的感知。在线教学没有线下教学展示的个人特点和魅力多，教学者要有意识地设定"教学人设"，留下令人印象深刻的"老师"标签。

选择人设要和自我风格自然契合，不要选择和工作、生活中的自己差异较大的类型。最佳的教学人设是贴近自己工作生活中特点的人设，教学者要将此特点有意识地在进行在线交互时向学员展示，使之成为一项积极正向的标签，以凸显教学特色。

常见的差异化教学人设有：

专业逻辑型： 内容为王的教学者，有厚重的知识底蕴，在专业领域中见解独特，潜心研究。授课时干货频出，条理清晰。在线授课侧重于展示清晰明确的观点、被提取后的价值理论和信息，能智慧犀利地回答学员的问题，有可延伸的学识储备。

轻松友好型：这类老师的在线教学风格不像专家授课，而是娓娓道来的，让人感觉轻松友好。这样的教学状态将带动学习者大胆分享，积极发言，没有压力和顾虑。

实战经验型：这类老师的特色是案例和经验的高密集性输出。案例和故事会将学习者带入工作和生活的应用情景。

技术创新型：这类老师在专业领域有前沿的技术视角，总是喜欢琢磨最新的科技、软件、平台或专业范畴的独特思想，并将此应用在工作和生活中；同时，向学员进行分享和教学。

风趣幽默型：这类老师多采用轻松活泼的教学方式，擅长应用有趣的故事案例深入浅出，多打比喻、举例子，用契合学员风格的语言和特质，以及图片、视频等使枯燥的内容生动化。

五、有限的展示技术创造无限的交互体验

当教学者持有"线上学习效果很差，不如线下学习"的思想时，这意味着其对在线学习的不认可。这个想法或许没有对与错，一旦你接受这个想法，大脑和身体就会停止对在线教学的研究、探索、应用和创新。不少教学者的在线教学状态一直是紧张、抗拒、抵触和不开放的，归根结底，不是卡在了技术和技巧上，而是受限于教学者的旧有模式和思想。

如果突破对在线教学的限制性信念，教练式培训的经验和方法就

会自然进入空中教室，教学者看似有限的展示技巧，也会给学习者带来无限的交互体验。

创造镜头感，穿越屏幕交流

刚开始在线授课时，很多教学者面临的首要困难是如何对着没有学员的镜头自如授课。面对摄像头短时间说话问题不大，时间一长，教学者常常会感到非常别扭和难受。因为在线下教学时，教学者已经习惯了看着学员的眼睛，展望整个教室，就能进入教学的自动化交流模式，即和学员有强烈的互动感。而在线教学，教学者不仅要在没有交互感的情况下授课，还需要时刻展示交互状态，否则学习者将无法体验到与老师的交流互动。

教学者可尝试"镜头感授课"。这种方法能让学员感受到老师授课时是在和自己交流，从而增加教与学的黏性，吸引学员保持注意力。

如何训练呢？秘籍是假想沟通对象的画面。在面对镜头时，可以想象一组学员在眼前，那么对着镜头说话的感觉将迅速发生变化，似乎在与人面对面地交流，并不受屏幕的阻隔。

在线授课基本功：声、手、姿、脸

在学员的视角里，在线授课与线下授课相比，老师的一举一动表面上看，视觉画面大大缩小了，但这并不代表其展示的影响力大大缩减。决定影响力的基本功来源于镜头前刻意练习的细节处理。

（1）声：声音清晰、洪亮、有情感，语速稍快

适当的语速和清晰的声音是带动在线授课学习节奏、凝聚学员注意力的利器。不少在线平台都对音频课程设计了语速调节器，可以将节奏调快 1.1～3 倍。在线教学时，学习者对于快节奏比较适应，正常的语速表达反而难以让学习者保持注意力高度集中。因此，讲课的语音清晰，语速比平时正常说话快 1.5 倍为佳。

语调有情感也非常重要。声音一味快速而冷静，讲授的内容又是大量的知识和信息，就很容易失去与学员大脑情绪区域的联结，让学员产生枯燥、生涩感。

提醒一下，在线教学的第一项检查项目就是声音是否能被学员清晰听到。检查无误后，才能开始授课。

（2）手：多使用正面手势，并在镜头可视范围内

要多使用手势。同时注意，从线下授课转化到线上授课时，手势的幅度会有所不同，手势最好在镜头可视范围内。如果是坐着授课，视频中出现老师的样子建议——

虚拟教室、小视频窗口：胸部或腰部以上。

直播或录制视频、大视频窗口：全身或腰部以上，视课程和在线教学平台的设计而定。

多做手势是可以增加交流和影响力的。同时注意，在直播互动时，同一个手势保持 2～3 秒不要变化——学员的视觉注意力在内容画面和讲师画面之间切换时，需要一个过渡。

不少有经验的老师会和学员约定 1～3 个手势来表示对发言者的认可和关注，从而实现集体的连接和互动。例如："比心"的手势表示喜欢发言者的意见，"点赞"的手势表示非常认可和赞许，"666"

摇动的手势表示这一波内容很有意思。这样的简单手势暗号在虚拟教室的视频研讨上会特别有效。

（3）姿：坐直或站正，并稍有紧绷感

教学者可以依据课程形式自行选择站着或坐着授课。无论站或坐，在镜头前想要展示出精神抖擞的状态，站正、坐直是最佳选择。身体稍有紧绷感就好，无须特别正式。

姿势最难在于保持，不少朋友初学线上授课，习惯还未养成，可以有意识地观察自己。

（4）脸：表情比生活中稍稍夸张一点，但并非演绎

在生活中比较开朗、情绪外显的人，线上授课时一般能自然地展示更多的面部表情。在生活中比较严肃认真、不苟言笑的人，在线上授课时可以有比生活中夸张一些的面部表情，目的是让学习者有交流感。

阶梯式训练帮助新手迅速适应在线授课

流畅自信地在线授课是每一位教学者期许和追求的，也是获得良好学习效果的基础。经验丰富的教学者从线下教室转化到在线教学，一旦了解了底层原理，很容易转化授课习惯，适应新的教学场景。对于授课经验不多、刚刚开始尝试在线授课的教学者而言，需要一些基础技巧的训练。两条线的"短 + 频 + 快"训练能帮助新教学者走向在线授课。

（1）时间训练线

线上课程依据教学场景细分，时间节点通常不太一样。例如：

- 录屏课程，单节课程适宜时长：8~12分钟。
- 在线直播授课，单节课程适宜时长：30~90分钟。
- 虚拟教室授课，单节课程适宜时长：120分钟。

时间训练线有助于找到线上授课的节奏和时间体验。可以先从1分钟开始，到3分钟，再到5分钟。基本上每节课程是由多个5分钟的讲授单元组合而成的。

1分钟 ⟶ 3分钟 ⟶ 5分钟 ⟶ 进入小课

基于时间线，可以选择将课程中的重点内容和难点内容进行分段练习。练习原则如下：

① 练习后及时观看自己的授课视频，快速复盘，发现需要变化和改善的部分，尤其是展示基本功。

② 花一段时间集中练习，例如0.5小时至1小时。第一次高强度的集中练习带来的体验会产生很多信心和熟练感。

③ 每个时间段（1分钟、3分钟、5分钟）都可以多次练习，1分钟练习熟悉后，进入3分钟授课，再进入5分钟授课。练习期间无须在意单位时间里内容的完整度和精准度，练习目标是熟悉在线授课。

（2）内容训练线

从讲授的主要内容分析，练习的主体可以投放在高频率出现和重要程度高的部分：课程开场、主要或重要的学习点、课程的主案例或故事。

开场 ⟶ 主要学习点 ⟶ 案例或故事 ⟶ 进入小课

从讲授内容切入进行模块化拆分，把握重要环节的训练，就基本掌握了在线授课的内容线。

对于不同内容可以进行多次练习。练习时注意不脱离在线环境，要习惯面对镜头，让自己在镜头前的展示不断自然化。

升级语言装备：六个"总是"

小小的语言变化，会有大大的魔力！仅仅通过语言的影响力，就能激发学习者的积极心理动态。

（1）总是及时提炼、小结

线上教学中，当知识和信息量较大时，学员的吸收和记忆需要一个暂停时刻、回顾时刻。

教学者可以养成习惯，一段讲解后，及时进行重要知识点的提炼；一个小单元学习结束，及时进行学习内容的小结。更系统的做法是直接在教学辅助工具（如 PPT、视觉画板、提词器等）上加上提炼和总结的内容，避免授课时忽略。多长时间进行提炼、小结？视学员情况和教学内容而定，建议常规操作是讲解 5～8 分钟后进行。

（2）总是生动化（打比方、举例子）

纯粹靠讲的学习特别挑战教学者化繁为简、深入浅出的能力，在线教学尤其如此。可以增加打比方、举例子等形式，应用时一定要配置具有视觉冲击力的图片。讲解辅助理解的案例、故事的时长建议在 3～5 分钟。

（3）总是赞赏、鼓励

多多夸奖、鼓励很重要，仅仅依靠干货带动学习者的积极性会很吃力，多一些口头鼓励，效果会更好。

2020 年年初，我给某企业的一批学员讲授线上课程。当时学员们已经连续在线学习六天了，他们在海量知识点和信息的持续轰炸下进入了疲惫状态。而大多数老师还没有摸索出在线授课的窍门和方法，互动性交流很少。我的全天课程设计了六场"抢麦时刻"、四次课堂趣味小测，大家的参与度很高。有意思的是，每当共享屏幕 PPT 讲解学习点时，就有学员喜欢在屏幕上涂鸦，我并不知道是哪些人在画，也是第一次遇到学习内容被涂得乱七八糟的情况。如果阻止甚至批评，就很有可能伤害学员的积极性。我想，这或许是"键盘侠"型学习者参与的一种表现。于是我当下进行了调整，大大夸奖了画的创意，并鼓励大家通过画、写字和注释等功能参与学习。对于有价值的涂鸦，比如圈出了重点，还写了延伸思考或例子等，给予加分和鼓励。大家都特别积极，课堂变得非常活跃。

赞赏不仅是简单的夸奖和表扬，更能鼓励学员以不同的方式参与课程学习，创造出人人参与、兴趣高昂的学习氛围，学习成果自然水到渠成。

（4）总是叫出学员的名字

想一下，你在做学员的时候，被老师用点出名字的方式给予互动了，你是不是注意力会迅速提高，同时在之后的参与会更加积极？叫出学员名字是在线学习时最直接高效的互动方式，有两个前提会增添其影响力。

前提一：准备名字。邀请学员使用真实名字或希望别人称呼的名字，如英文名或小名（花名、绰号等）。如果是进入虚拟教室授课，一开始就邀请学员登录后改名，这样方便课程中能点出学员的名字。

前提二：保持联结。联结内容来自教学互动设计和老师对学员的观察。一方面，教学内容设计有互动环节，老师可在平台上点出学员的名字，邀请他参加互动练习、回答问题、分享经验等。另一方面，老师要观察学员的状态：哪些人最积极，先发言，叫出他们的名字给予肯定；哪些人提出有价值的观点或问题，叫出其名字并予以解答；在虚拟教室里，学员打开摄像头的情况下，哪些人专注投入，或有好的行为，叫出他们的名字，与他们简单互动。这样就能创造教与学之间的交互感，增加学习黏性。

（5）总是读出学员有价值的信息

在线下教室里，当老师邀请某位学员分享观点时，教室里的其他人都能听到，并参与其中。而线上课程不同，有些学习者在聊天区或屏幕输入一些有价值的观点时，不一定会被其他学员看到。

因此创造分享和彼此促进，主要依靠老师发声。教学者发现学员分享高价值的内容后，要即时叫出学员名字，并读出他分享的信息。这也意味着在线教学时，教学者的注意力不能总是停留在自己的教材上，而要多关注学员在做什么，参与度如何，他们在讨论区写了什么，等等。

（6）加分语言：总是爆发金句

一节课的内容很多，但如果要提炼核心意图，有时一句话足矣。这不仅是为教学增添亮点，也能帮助学习者快速记忆相关联性的内容。在线教学时，这项策略会放大效能，因为学员的视觉、听觉会高度集中。在视频上展示"金句",并在授课时反复输出"金句",会让学员收获"听觉+视觉"的双倍效果(见图9-2)。

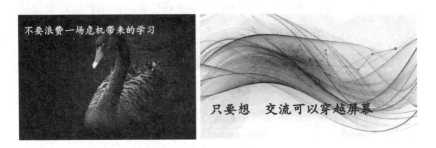

图9-2 "VTT塑造培训师的直播力"线上课程部分金句

课程情绪温度计

情绪体验快于理性思维对习得感、体验感做出反应和回馈。在线教学需要更高的情绪带动,但是也会有人陷入误区。教学者自身应该有一个情绪温度计(见图9-3),处在怎样的模式,就会带动大家进入怎样的情绪状态。

图9-3 课程情绪温度计

误区一：线上授课像是直播带货，全程过度兴奋，自我陶醉，或混乱焦灼。教学者和学习者、教学内容以及整体空中教室氛围脱节，如同一直身处温度计 A。

误区二：线上授课就是纯粹的知识迁移，不停输出知识和内容，聚焦在教学大量信息。教学者过于严肃冷静，不苟言笑，如同一直身处温度计 B。这种太冷静的情绪很难影响和带动他人。

误区三：没有情绪变化，全程授课只有一种状态。

利于学习与合作的最佳情绪状态是温度计 C 的状态：展示出耐心友善，欣赏认可，支持与帮助他人。也可以是温度计 D 的状态：积极活跃、风趣幽默、热情专业。

有变化和切换更能影响他人情绪。教学者有意识地持有情绪性表达带动和影响他人，将有助于在线呈现课程内容。

第 *10* 章

赋能讲师成长：
探索教学者的定位及发展

在人生旅途中，如果获得了使命和愿景，人就变得笃定、有力量，就会把时间、资源和精力都投放在为实现目标而做出的努力上，不被内心混乱的想法干扰，不被外界各种不匹配的机会动摇，更多时候将处在高效能的学习和工作状态中。探索教学者的定位和发展，就是通过界定、聚焦自身的专业领域和发展目标进行工作、规划学习成长。

一、探索教学事业的核心价值观

中国传统文化讲究"尊师重道",社会对各行各业从事教学的工作者持有"为人师表"的期许,希望教学者在专业领域和精神内核上成为学生的表率、榜样,在专业技能发展上持续迭代,在科研探索方向上不断创新,在自我学习成长中成人达己。

教学者自身对专业研究、学习成长、技能精进的思考又是怎样的呢?

对怎样赋能他人的思考,是对自我内在精神内核的探索,对外在现象世界互动的构建。什么是教学事业的最大驱动力?哪些是我们最大的快乐和激情所在?当思考和回答这些问题时,我们就开始探索自己在教学中的核心价值观、信念,逐渐明确自己从事教学事业的意义,甚至是一生的愿景和使命!

人们常说:教学是用一个生命影响另一个生命!也有人认为,教学的目的是支持他人实现理想。如果明确了自己在教学领域的核心价值观,你的课堂就会发生变化,课堂就不仅仅是传递知识、技能和信息的场所了。教学者会鼓励学员们不断探索盲区和未知领域,从而进入更广阔的精神世界,追求更有意义的工作和生活。这样的形式和路径,表面上看是在不断地建构知识体系,培育发展他人,赋能组织团队，引导开拓难题和思维，本质上是教学者自身的修炼和成长。

当我们明晰了教学工作的意义和价值，再重新思考自己的职业发展路径、成长学习规划时，一切都将变得更加清晰。

不少教学者热爱讲课，喜欢分享和表达，原因是他们享受台下听众、学员给予的掌声、认可、赞赏，从中获得了成就感；有人热衷于专业领域内某项学习技术或课题研究，取得了突破，并将成果贡献给所在的组织和企业，支持他人成长，这是他们快乐的来源；也有人通过辅导、引领、教授等方式，帮助他人走出困境，获得动力，找到新的事业或突破口……这些都是我们在探索教学事业发展时的美妙体验，更是我们探索教学事业发展的动力源泉。

二、明确职业目标是自我学习的前提

在过去几年，常常有从事教学的朋友咨询："我想学习进步，让自己更加专业，应该学习什么课程呢？"遇到这样的提问，我一般会先问："那么你的职业发展目标是怎样的？能先具体介绍介绍吗？"不同的人处在不同的阶段，回答的形式和内容有很大差异，简单分类如下：

- 想讲授几门具体的课程。
- 想提升自身技巧和技能最薄弱的部分。
- 想在某个领域花时间研究，但对这个领域不一定熟悉。
- 在组织机构里升职。
- 没有特别具体的目标，主要想不断进步。

- 对未来不清晰，不知道要怎么发展。
- 纯粹希望学习更多的知识和技能。

……

无论是该领域的资深专家，还是刚刚进入教学领域的新手，真正清楚自己在教学工作、教学事业上的职业发展计划和专业学习计划的人并不多。很多人是在相关行业和岗位上有了一定的经验积累，才开始慢慢清晰自己喜欢什么、擅长什么，开始思考自身发展计划的。

要有清晰的发展计划，首先要打破以下误区。

误区一：教学者的职业发展目标是一个很大的话题，不用提前思考。

提前思考非常有必要。要清晰界定自身专攻的领域和范畴，了解自身资源优势的兴趣点，有的放矢地投入学习时间、资源，而非大海捞针，盲目前行。如果基于自身情况，先构建 1.0 版本，在深入研究和学习中逐步优化，将更加有效。

误区二：教学领域纷繁复杂，边学边做边看。

由于工作属性特殊，教学者有意识地发展自身专业知识和相关技能尤其重要，横向拓展和纵向深入的研究、学习有不同的收获与意义。横向拓展比较适合刚刚从事教学工作的人，有助于其积累行业知识，了解多元化的方向和领域，从而发现自己的兴趣点和优势。纵向深入适合有一定教学经验和技能的人，可以帮助其提升在所属专业领域的高度、深度，对"从学习到应用"积累针对性案例。

误区三：职业发展计划很专业，要做到最完美再开始实践。

对于教学工作者而言，我们不一定要有了完美和标准的计划才开始实践，学习发展计划要时刻更新。因为学习技术的快速发展越来越明显，随着教学者触及的专业深度和行业广度不断拓展，会有很多新的认知产生。同时，随着商业和社会的快速发展，培训科学、教学技术都在不断迭代，这就意味着：不变的就是永远在变！以学习者为中心。以学习成果为导向来设计高价值的学习产品、课程和项目，需要持有不断进步的视角。因此，明确职业发展目标，阶段化更新和优化发展计划是很有必要的。

> 对那些尚未理解伟大目标的人来说，他们应当把工作视为个人职责的完美呈现，无论他们的工作看上去多么微不足道。只有这样他们才能收获和关注思想，才能激发决心和活力，做到了这一点，他们便会在工作中无往不利。
>
> ——詹姆斯·艾伦 《结果的法则》

三、从"工作"到"使命"的不同体验

人们在自己工作和事业版图上的最佳状态是身心一致。如果我们在这样的状态下从事自己热爱的教学事业，大脑、身体、注意力等都会相互配合，我们在教学工作和事业的发展过程中，也能体验到愉悦感和成就感。

怎样理解自己对于教学工作、教学事业的认知和追求呢？事业归属模型（见图10-1）能帮我们厘清现在的状态。

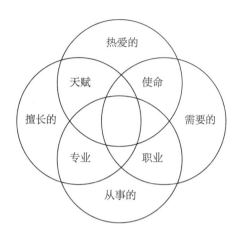

图 10-1　事业归属模型

Level 1：教学职业阶段——从事的 + 需要的

对于正在从事教学工作岗位、注意力停留在完成工作任务的人来说：这份工作是我目前需要的，我也有能力完成它。

在教学职业阶段，重要的是发现工作中自己喜欢的内容，以及可被发展或培养的相关能力、特长，比如课程开发能力、讲课或引导、辅导或教练、运营项目、设计文案等。如果长时间没有发现兴趣点以及自己可培养和塑造的能力，那就需要关注什么才是自己想要做的工作，很有可能需要转换工作内容。

Level 2：教学专业阶段——擅长的 + 从事的

处于教学专业阶段的人，他的工作正好是他擅长的，能充分发挥个人优势和特长；在工作中往往很容易找到兴趣点，获得成就感，感到轻松和自信。

在教学专业阶段，有必要开始探索自己工作的价值和意义。工作中的哪些时刻让你感受到成就感满满？是讲授了一场高质量课程，完成了一次专业的研讨带领，还是辅导他人解决了问题，获得了新的思路？这些探索会激发目前的"教学工作"发展到"教学事业"。

Level 3：教学天赋阶段——热爱的＋擅长的

处于教学天赋阶段的人，他所从事的工作或事业都是自己喜欢又擅长的，所拥有的知识、能力、经验可以完全贡献到工作或事业中，常常还会自发展、自迭代，迅速找到更好的方式，不断获得突破和创造。

> 工作将是生活中的一大部分，让自己真正满意的唯一办法，是做自己认为有意义的工作；做有意义的工作的唯一办法，是热爱自己的工作。你们如果还没有发现自己喜欢什么，那就不断地去寻找，不要急于做出决定。
>
> 就像一切要凭着感觉去做的事情一样，一旦找到了自己喜欢的事，感觉就会告诉你。要不断地寻找，直到找到自己喜欢的东西。不要半途而废。
>
> ——史蒂夫·乔布斯

处在教学天赋阶段时，你会清晰地感受到激情勃发的情绪，身边的同事、伙伴和学员也都能感知到你的热情和专注。即使你所从事的任务或工作充满了挑战和压力，也不会影响你的投入和付出。在有所突破时，你能强烈地感受到成就感！

在教学天赋阶段，一方面要关注自身专业能力的持续学习和精进，另一方面可以探索如何服务于更大的人群或组织，贡献自身的价值。

Level 4 ： 教学使命阶段——需要的＋热爱的

世界上能够发现自己的使命，并且愿意付诸所有去践行使命的人是非常少的。

使命很难通过理性思维推算，已经找到使命的人，会非常清晰、特别笃定地知道，这是他一生为之付出的事，是他自己真正想要做的事，并且能感受到内在对这件事深深的热爱。

如果教学者有一天发展到使命阶段，那么对他而言，他所从事的教学工作绝非一份工作而已，他不再会考虑个人利益，而会更在意自己工作贡献的价值和服务的意义，更关注如何践行使命。这时候他会更强烈地感知到：自身能力的强弱会直接影响所做的事的结果和价值。万变不离其宗的是：修炼自己、精进技艺，在任何时候都是根基！

四、找准定位，设定计划

关于教学职业发展路径，从横向的四个维度分析，非常值得具体化研究和琢磨。教学者如果明确这四个维度的具体思路和发展策略，不仅可以聚焦专攻领域，也能厘清自身的学习成长计划。在这里，我们需要用到讲师定位及发展模型（见图10-2）。

图 10-2 讲师定位及发展模型

关于课程和专业

明确主讲课程和专业范畴几乎是每一位教学者都会思考的话题。主讲课程通常是教学者主攻的专业范畴的显性呈现。企业培训常见的专业领域有领导力、销售、讲师学习等，这些领域又可以进一步细分，例如领导力课程的不同细分维度包括：

·依据学员对象细分：企业中高层领导者、企业基层管理者、储备干部、优秀青年员工。

·依据行业细分：零售行业、银行金融、互联网、移动电信、制造业、酒店旅游等。

·依据教学内容细分：战略落地、文化及愿景、创新思维、管理团队、沟通协作、人才聘用及发展、辅导教练下属、情绪管理等。

······

专业技术的细分是指教学者主要使用哪些学习技术和领导力结合来完成课程，例如引导技术、教练技术、沙盘、测评、脑科学、创新思维、心理学等。教学者对不同的学习技术和领导力主题研究碰撞后，会有新的视角分析、解读和讲授，对不同的学习技术也需要不断研究、精进、迭代。

有的教学者会以某一课程为核心，叠加不同学习技术，针对一个专业方向不停研究和打磨。有的教学者会先拓展授课宽度，再决定纵向研究的深度。比如在领导力范畴会开始讲授通用管理课程——沟通、情绪、辅导、组建团队、时间管理、工作计划和执行、高效会议、职场表达等，有了一定的经验后，才开始聚焦 2~3 个课题进行深入研究。

对课程和专业有细分定位，不仅能明确自己的研究方向，也能帮助自己梳理接下来的学习成长计划。

──────┤ 练 习 ├──────

通过以下几个问题，进一步思考。

1. 目前在学习技术上的专攻领域是什么？真正感兴趣的是什么？

----

2. 你的专业优势和主讲课程之间是怎样的关系？

----

3. 你如何看待自己主讲课程的专业水平以及未来发展？

----

4. 你的过往经验是如何在主讲课程中得到连接和发展的呢？

----

5. 通过本轮自我思考，你在课程专业方面的最大收获是什么？如果希望发生一些变化和调整，具体是什么？

关于讲师状态、风格

授课风格和教学状态与教学者的差异化策略息息相关。学习者在听不同老师授课时，很容易从自身视角和体验找出不同老师的差异，例如老师的口头禅、语言习惯、说话节奏、授课形式、教学内容偏向等。这些差异化体验还会和学习体验融合在一起。教学者可以从自身出发，有意识地创造有辨识度的"人设"，前文已有详述。

| 练 习 |

通过以下几个问题，进一步思考。

1. 你最满意自己的讲师状态是怎样的？保持这种满意状态的关键是什么？

----

2. 你希望客户和学员看到的是怎样的你？

----

3. 你与其他讲师最大的区别是什么？

----

4. 你主讲的课程和同类型课程最典型的不同是什么？

----

5. 你在聚焦什么？

----

6. 通过本轮自我思考，在讲师最佳状态和风格的探索方面，你最大的收获是什么？如果希望发生一些变化和调整，具体是什么？

关于服务对象

面对不同的人群授课，对教学者是不同的教学体验，也有着不同的教学要求和挑战。明确学员对象是谁、他们有哪些特质，并有针对性地准备，会有更好的教学效果。

有一位 S 老师，深度聚焦于教学垂直领域。他的学员对象主要是银行的零售客户经理，研究和讲授的内容是营销能力提升。S 老师在总结这类学员的需求时，主要考虑了以下因素。

- 岗位职责和任务的具体要求是什么？
- 常常遇到的困难和挑战有哪些？怎么有效解决？
- 所处的行业特点是什么？
- 需要掌握的产品知识、行业知识、营销技巧和能力是什么？
- 这些人在不同的成长阶段，沟通风格、行为特点是怎样的？
- 怎样理解自己工作的意义，如何有效地发展自己？
- 有哪些针对性的营销技巧、工具和方法论？
- 优秀的可被学习和借鉴的案例是什么？
- 不同银行对零售客户经理的要求是怎样的？
- 零售客户经理未来的职业发展路径是怎样的？

……

同时，S 老师也总结了这类学员的行业属性和优势。

① 人群多：各家银行都有大量的零售客户经理，人群数量庞大，市场需要旺盛。

② 学习是刚需：零售客户经理是各家银行的核心业务岗位，提升这类岗位的营销能力是企业"刚需"。

③ 不断发展迭代：随着银行业务的不断发展，银行零售客户经

理需要学习的内容和学习形式都在不断发展、更新，有着持续优化的特性。

④ 组织和个人都有学习需求：银行作为企业组织者对此类人群有巨大的培训需要；零售客户经理自身对能力提升、业绩达标都有着渴望和兴趣，愿意为自己相关的知识技能学习付费。市场上公开课、内训、书籍、视频、线上学习、线下学习等多种学习形式都有发展空间。

S 老师很早就有意识地依据细分的服务对象进行针对性研究、构建专业的教学内容，并且持续沉淀和积累的重要性，他现在已经构建了非常系统、专业丰富的教学内容和案例，提炼了前沿的认知和工作方法论。

―――――――| 练 习 |――――――――

通过以下几个问题，进一步思考。

1. 你正在向哪些学员提供服务？他们之间有着怎样的共性？

----

2. 企业客户或学员选择你的最重要原因是什么？

----

3. 你对学员所在行业面临的发展机遇和风险挑战的理解是怎样的？

----

4. 你对学员的工作目标和先进经验、案例的积累如何？

----

5. 在服务的客户群体、学员对象方面，如果聚焦，会带来怎样的影响？

----

6. 通过本轮思考，你在聚焦服务对象方面最大的收获是什么？

关于未来发展

人们常常会使用过去的经验指导当下的活动。其实，可以尝试突破惯性思维，换一种角度来思考和规划现在。从时间线来看，未来视角很值得试试。什么是自己追求的方向？哪些是明确的目标？以终为始进行分析和思考，再进行当下的规划。这个部分也和个人愿景、价值观、内在动机非常深刻地联结在了一起。

我们可以通过理解层次模型（见图 10-3）来梳理思路。

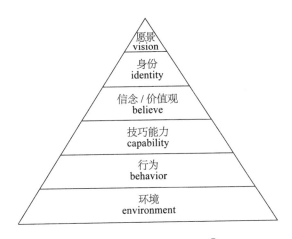

图 10-3　理解层次模型 ①

（1）教学愿景

什么是值得一生为之付出而充满意义的事?

这和教学者的个人使命愿景非常细腻地联结在一起，使得教学工作变得有意义。这是未来的最佳状态，可能现在达不到，但值得追求。

（2）教学身份

为了实现未来愿景，可以用怎样的角色定位来传播学问?

有的人愿意以"引导、陪伴"的角色定位从事教学，有的人希望以"老师、导师、权威专家"的角色定位从事教学，有的人想着以"专家、前辈"的身份分享经验技巧，有的人会使用隐喻来定位自己的

---

① 该模型由美国学者格雷戈里·贝特森提出，NLP 大师罗伯特·迪尔茨整理，于 1991 年推出。

角色：指路灯、蜡烛、送信的人，等等。不同的界定，形成了不同的感知。

（3）信念／价值观

在未来愿景里，我会在教学里坚持做什么、不做什么？这些坚持的背后蕴含着我自己怎样的价值观和信念？

有的老师坚持的信念是：以学习者为中心。有的老师坚持的信念是：专业技术的发展和迭代永无止境。有的老师坚持的信念是：以敬畏之心做学问。有的老师坚持的信念是：课堂是我最好的学习场，向他人学习……清晰的信念和价值观会指引和明确自己的发展。也可以有几个信念构建成一个"信念群"。

（4）技巧能力

未来愿景的教学者，需要具备怎样的能力？

能力越大，责任越大。在任何工作领域，有着更强大能力的人往往能创造出更大的社会价值。教学者的内在成长最终的发展方向将是承担更大的社会责任。这像是一个正循环，对教学工作者而言是非常有意义的。能力增长势必为自己、所在的团队及组织带来更大的价值意义。基于教学者的未来愿景，或阶段性的发展目标，倒推并列出具体的学习技术、讲授能力、互动技巧等需要提升的方面，越清晰和聚焦，越能支持我们在每一堂课的准备和讲授中逐一突破。在实战训练中，需要注意结构化地练习和拆分训练目标，而非求多、求全。

（5）行为

每项教学工作是怎样去计划、准备、执行和复盘的？

一门课程的讲授，往往包括几个阶段。

第一，计划阶段：调研需求，了解学员的情况，设定教学成果。

第二，备课环节：开发及改造课程，策划学习活动，准备相关学习资料和教学道具，布置场地等。

第三，课程执行：开场前的互动，课程开场，讲授教学点，和学员互动交流、辅导和反馈，优化现场教学，进行学习回顾和测试，讨论和明确课后应用行动。

第四，课后复盘：沟通获得反馈，关注学员持续进展并评估其学习成果，自我评估等。在一系列具体的行为化、专业流程化的动作里，教学者要考虑如何更好地把握细节和聚焦重点。

（6）环境

最常见的工作场景是怎样的？这一点通常要结合学员对象、课程主题等方面来思考。

我有一段时间主要给银行高管讲授教练型领导力的主题课程，那个时候最常出现的工作场景是：

• 酒店的大会议室、银行总部的培训中心。

• 学员是来自各大银行的中高层管理人员，他们穿正装。

• 讲授的课程是领导力相关的内容，通常是 2~3 天。

• 授课时教学者需要着正装，以银行的商务礼仪规划为基准。

• 课程会有很多来自银行方和我们团队的助手与搭档，大家要相互沟通配合。

• 多数课程会有更高层级的银行领导者做开场发言和学习总结。

• 大家对和银行有关的领导力案例以及前沿观念更感兴趣。

……

对这些具体的环境方面的构建和思考，有助于课程内容更有针对性。

理解层次的思考也可以倒推，从具体的"环境"到"行为""技巧能力""信念 / 价值观""身份""愿景"进行梳理和思考。

每一轮循环思考就像一次深度预演，个中思考会促使你不断调整，让思路更加清晰。

─────┤ 练 习 ├─────

通过以下几个问题，进一步思考。

1. 在培训行业的探索与发展，什么是你最大的兴趣或激情所在？

----

2. 有哪些能力是你最希望发展和提升的？

----

3. 你在致力于成为一位怎样的讲师（或教学工作者）？

----

4. 因为今天的定位思考，三年之后你将是怎样的人？十年呢？

----

5. 通过本轮思考，你在未来发展方面最大的收获是什么？

通过教学者定位发展四个模块的具体思考和自我教练对话，教学者的职业发展和学习规划就从模糊到清晰了，同时，教学者自身的内在动力也得到了提升。

五、致敬心中的精神领袖

教学的价值在于激发他人获得启发，学习新知，探索未来，迸发出对生活、工作的热情与好奇。教学者在用光芒照耀他人之前，首先要照亮自己。如何保持最佳状态去探索未来发展之路？如果找到了心中的精神领袖，致敬他的最好方式是成为他、超越他！

我在学习生涯中遇到了各领域很多优秀的导师、教授，他们几乎都会有内心钦佩的老师和精神领袖。

埃里克森教练学院的开创者玛丽莲·阿特金森老师，是在教练和培训领域受人尊重的领袖级导师。她非常尊崇催眠大师米尔顿·埃里克森——"现代催眠之父"，医疗催眠、家庭治疗及短期策略心理治疗的权威——并以他的名字开创了教练流派。

混沌大学创始人李善友教授，引领优秀的团队，让创业者和企业家将创新思维应用和实践到现代企业的开拓、领导中。他个人欣赏致敬的创新领袖是约瑟夫·熊彼特——一位有深远影响的美籍奥地利政治经济学家，以及古希腊伟大的哲学家柏拉图。他认真研究了这两位人物的理论、观点，并结合自身的研究进行了拓展、深化。

如果你心中也有想追寻的精神领袖，找寻他身上的专业特质和精神属性，模仿、跟随他的成长路径，发展探索，成为他，甚至在某种意义上超越他。这既是在致敬，也为你自身的内在驱动找到了无比巨大的动力源泉。

教学工作本质上是自我成长、助人发展，不以教学工作覆盖的人群大小、教学内容的深浅、教学对象的水平高低为界限。教学者专注于讲好每一节课，不断追求进步，就是影响他人的开始。迈向未来，从做好当下的每一项教学工作开始。

"教之道"即"学之道"

从 2005 年在戴尔（中国）总部担任高级培训师和销售教练开始，我正式接触培训和教学工作也有 16 年的时光了，其间一直对于教学技术如何提升工作效能及推动个人成长充满兴趣和热爱。

通过培训、咨询、教练和辅导工作，我服务过多家知名企业，也与很多专业的讲师、顾问们一起工作成长，不断学习、迭代。这次对教练式培训技术实践的写作梳理，也是对自己学习工作的一种沉淀与回顾。

教学相长是一路以来的主要形式，我不禁回想起很多从企业学习、从课堂学习、从学员学习、从公益教学领域学习的点点滴滴，回想起一路帮助、辅导和支持我成长的老师和朋友们，心存感激。

通过思考与回顾，我深刻地认识到，自身学习和成长还有很多高峰可以攀登，可以不断探索多元化的路径，用学习让人生更加丰富和有趣；学习不同领域的领先者，学习不同行业的创造者，学习不同人生阶段的贡献者，将使得知识、技能、思维的升级更有机会转化为生产力和社会贡献，推动学习创造快乐和价值。

教与学之间，从未有清晰的界限。长期从事授课工作，有时会陷入误区，认为自己是某个领域的专家或能手，悄悄滋长了内心的傲慢，不经意间会在专业研究中让主观评判大于客观认知，反而禁锢了自己的视野和学习宽度；有时将来自学员和企业的高度赞赏理解为成绩与效果，内心悄生对产品、技术的自我认可，反而错失站在学员视角，以企业成果导向的迭代良机。

教之道即学之道。教学者最需要成为终身学习者，以教学工作为责任、为荣耀、为鞭策！

无论授课是 30 分钟，还是 7 天或更长时间；无论课堂面对的学习者是白纸般的新手，还是充满经验的企业家、高认知的专家学者；无论教学形式是公益分享，还是商业授课；无论教导的是教育体系的学生，还是成人世界的专家……

只要以教学形式分享传播，支持他人学习和成长，都值得我们对教与学心存敬畏、心存谦卑、心存责任，做好充分的准备，讲好每一课，专注每一刻！教的本质就是教学者核心价值观的传递，是教学者的专业、学术积累和自身修养品德的融合。不断内外兼修，把每一课都作为教学的最美作品准备和呈现，通过课程让自己成长，成为伟大而平凡的教学者，这或许才是真正的教学之道。

感谢所有支持我继续学习和探索、不断打磨和传播最美作品的人！